Cómo reconocer
cuánto vales a los
ojos de Dios

DIOS SE
INTERESA
EN EL
HOMBRE

CASA
CREACIÓN
Para vivir la Palabra

Para vivir la Palabra

MANTÉNGANSE ALERTA;
PERMANEZCAN FIRMES EN LA FE;
SEAN VALIENTES Y FUERTES.
—1 CORINTIOS 16:13 (NVI)

Dios se interesa en el hombre por A. W. Tozer
Publicado por Casa Creación
Miami, Florida
www.casacreacion.com
©2023 Derechos reservados

ISBN: 978-1-960436-15-3
E-book ISBN: 978-1-960436-61-0

Desarrollo editorial: *Grupo Nivel Uno, Inc.*
Diseño interior: *Grupo Nivel Uno, Inc.*

Publicado originalmente en inglés bajo el título:
God Tells The Man Who Cares
© 2018 por The Moody Institute of Chicago
820 N. LaSalle Blvd., Chicago, IL 60610.
Traducido e impreso con autorización.

Impreso en Colombia

24 25 26 27 28 LBS 9 8 7 6 5 4 3 2 1

CONTENIDO

INTRODUCCIÓN

Dios solo habla a los que dedican tiempo a escucharlo. Es el hombre a quien le interesa comulgar con el Altísimo y aprender los secretos del Señor. Tal individuo también ve el dolor y siente el sufrimiento del mundo. Comparte las cargas de sus hermanos.

Debido a que A. W. Tozer vivió en la presencia de Dios, vio claramente y habló como profeta a la iglesia. Buscó honrar a Dios con el celo de Elías y se lamentó con Jeremías por la apostasía del pueblo de Dios. Pero no fue profeta de la desesperación.

Los capítulos de este libro son portadores de mensajes inquietantes. Exponen las debilidades de la iglesia y denuncian la indulgencia. Advierten y exhortan. Pero también son mensajes de esperanza, porque Dios siempre está presente, listo para restaurar y cumplir su Palabra con quienes lo escuchan y le obedecen.

Anita M. Bailey
Exeditora y gerente de *The Alliance Witness*

CAPÍTULO 1

DIOS LE DICE AL HOMBRE QUE LE INTERESA

La Biblia fue escrita con lágrimas, mismas con las que rendirá sus mejores tesoros. Dios no tiene nada que decirle al hombre frívolo.

Fue a Moisés, un hombre tembloroso, a quien Dios le habló en el monte; el mismo que, más tarde, salvó a la nación cuando se arrojó ante Dios pidiéndole que borrara su nombre del libro divino por amor a Israel. La larga temporada de ayuno y oración de Daniel movió a Gabriel desde el cielo para contarle el secreto de los siglos. Cuando el amado Juan lloró mucho porque no se podía encontrar a nadie digno de abrir el libro de los siete sellos, uno de los ancianos lo consoló con la alegre noticia de que el León de la tribu de Judá había prevalecido.

Los salmistas a menudo escribían entre lágrimas, los profetas apenas podían ocultar su pesar y el apóstol Pablo, en su por lo demás gozosa Epístola a los Filipenses, rompió a llorar al pensar en los muchos que eran enemigos de la cruz de Cristo y cuyo fin era la destrucción. Aquellos líderes cristianos que estremecieron al mundo fueron todos adoloridos varones, cuyo testimonio a la humanidad brotó de corazones pesarosos. No hay poder en las lágrimas por sí mismas, pero ellas y el poder siempre están juntos en la Iglesia del Primogénito.

No es nada tranquilizador que los escritos de los afligidos profetas sean —a menudo— estudiados minuciosamente por personas cuyos intereses son movidos por la curiosidad; individuos que nunca derramaron una lágrima por los males del mundo. Personas que tienen una curiosidad indiscreta en cuanto al calendario de los acontecimientos futuros, olvidando —en apariencia— que todo el propósito de la profecía bíblica es prepararnos moral y espiritualmente para el tiempo venidero.

La doctrina del regreso de Cristo ha caído en el olvido, al menos en este hemisferio, y —hasta donde puedo detectar— hoy no ejerce poder alguno sobre las bases de los cristianos que creen en la Biblia. Para esto puede haber una serie de factores causantes; pero creo que el principal es la desgracia que sufrió la verdad profética en esta era presente cuando hombres sin lágrimas se propusieron instruirnos en los escritos de los profetas expertos en llantos. Grandes multitudes e ingentes contribuciones monetarias apoyaron esas ideas hasta que los acontecimientos demostraron que los maestros se equivocaron en demasiados puntos; luego surgió la reacción y la profecía perdió el favor de las masas. Ese fue un buen truco del diablo que funcionó demasiado bien. Por tanto, debemos aprender que no podemos tratar con lo que es santo negligentemente sin sufrir graves consecuencias.

Otra área en la que los hombres sin lágrimas nos han hecho un daño incalculable es en la oración por los enfermos. Siempre ha habido individuos reverentes y serios que sintieron que era su deber sagrado orar por los enfermos para que pudieran ser sanados de acuerdo a la voluntad de Dios. Se decía de Spurgeon que sus oraciones levantaron a más personas enfermas que los cuidados de cualquier médico en Londres. Cuando los predicadores sin lágrimas adoptaron esa doctrina, esta se convirtió en un negocio lucrativo. Hombres refinados y persuasivos utilizaron sus mejores métodos empresariales para hacer fortunas impresionantes con sus campañas. Sus grandes haciendas y sus fuertes inversiones financieras demuestran el éxito que han tenido a la hora de usar a los enfermos y a los que sufren. ¡Y esto en nombre del Varón de dolores que no tenía dónde recostar su cabeza!

Todo lo que se hace sin amor se crea en la oscuridad; no importa cuán bíblico pueda parecer. Por la ley de la compensación justa, el corazón del frívolo religioso será deshecho por el brillo purificador de la verdad transformadora. Los ojos sin lágrimas, en definitiva, quedan cegados por la luz que miran.

Nosotros, los de las iglesias no tradicionales, tendemos a mirar con cierto desdén a aquellas que siguen una liturgia o forma de servicio cuidadosamente prescrita, aunque —en verdad— debe haber mucho en tales servicios que tiene poco o ningún significado para el participante promedio; no porque eso sea prescrito minuciosamente sino porque es lo que casi todos sus miembros practican. Pero he observado que nuestro familiar servicio improvisado, planeado por el líder veinte minutos antes, a menudo tiende a seguir un orden irregular y descuidado, casi tan estandarizado como la misa. El servicio litúrgico es al menos hermoso; el nuestro es —con frecuencia— feo. El de ellos ha sido cuidadosamente elaborado a lo largo de los siglos para captar la mayor cantidad de belleza posible y preservar un espíritu de reverencia entre los fieles. El nuestro es, por lo general, una improvisación espontánea sin nada que lo engalane. La supuesta libertad de nuestro culto, a menudo, no es tal cosa, en absoluto; sino puro descuido.

La teoría que nos inspira es que si la reunión no es planificada, el Espíritu Santo obrará con libertad, lo que sería cierto si todos los adoradores fueran reverentes y estuvieran llenos del Espíritu. Pero en general no hay ni orden ni Espíritu, solo una oración rutinaria que es —salvo algunas variaciones— la misma culto tras culto, semana tras semana; en tanto que las canciones que entonamos nunca fueron gran cosa al principio y hace mucho tiempo que perdieron todo significado debido a la repetición sin sentido que las caracteriza.

En la mayoría de nuestras reuniones apenas hay huellas de pensamiento reverente, ningún reconocimiento de la unidad del cuerpo, poco sentido de la Presencia divina, ningún momento de quietud, ninguna solemnidad, ningún asombro, ningún santo temor. Pero muy a menudo hay un líder de alabanza irreverente o hasta chistoso, así como también un presentador que anuncia cada "número" haciendo un esfuerzo por hacer que todo encaje, como si fuera un espectáculo.

De modo que toda la familia cristiana, en este tiempo, necesita desesperadamente que se restaure la penitencia, la humildad y las lágrimas. Por lo que ruego que Dios envíe, todo eso, pronto.

CAPÍTULO 2

LA VOZ DE DIOS HABLA

C reo que se puede aceptar como incuestionable que Dios está constantemente tratando de hablar a los hombres. Desea comunicarse, impartir ideas santas a aquellas de sus criaturas capaces de recibirlas. Este impulso divino hacia la autoexpresión puede explicar la creación, particularmente el hecho de que Dios haya creado seres inteligentes y morales que podían oír y comprender la verdad. Entre esos seres el hombre está en la cima, habiendo sido creado a imagen de Dios; por lo que posee órganos más puros y más finos para la aprehensión de todo lo que se puede conocer de Dios. La Segunda Persona de la Deidad se llama la Palabra de Dios —el Verbo—, es decir, la mente de Dios en expresión.

Respecto a la manera en que Dios habla a los hombres, hay dos puntos de vista opuestos entre sí —es cierto—, pero similares en el sentido de que ambos son erróneos. Uno es que Dios creó las Sagradas Escrituras y luego se sumió en el silencio, en un mutismo que no se romperá hasta que llame a todos los hombres ante él a juicio. Entonces Dios volverá a hablar como antaño, pero —mientras tanto— tenemos la Biblia como un depósito de verdad embalsamada que escribas y teólogos deben descifrar como puedan.

Esta opinión la sostiene la mayoría de los evangélicos, con algunas variaciones —permitidas— en los detalles, pero es extremadamente perjudicial para el alma del cristiano. Lo es porque contiene dos nociones falsas, una es que Dios ya no habla y la otra es que nuestro intelecto no es apto para comprender y aprehender la verdad. Según este punto de vista, Dios permanece distante y completamente silente en su comunicación; y nosotros, nos guste o no admitirlo, nos vemos obligados a adoptar una especie de racionalismo evangélico, ya que —según esta noción— la mente humana se convierte en el árbitro final de la verdad, así como en el órgano que decide su acogida en el alma.

Ahora bien, el bendito hecho es que Dios no guarda silencio y nunca ha permanecido mudo, sino que habla constantemente en su universo. La Palabra escrita es eficaz porque, y solo porque, la Palabra viva habla en el cielo y la Voz viva resuena en la tierra. "Y el Espíritu es el que da testimonio; porque el Espíritu es la verdad. Porque tres son los que dan testimonio en el cielo: el Padre, el Verbo y el Espíritu Santo; y estos tres son uno" (1 Juan 5:6-7 RVR1960).

Que la voz creativa de Dios suena constantemente en toda la creación es una verdad olvidada por el cristianismo moderno. Sin embargo, fue por su palabra que él llamó al mundo a la existencia y es por su palabra que todas las cosas se mantienen unidas. Es la serena voz de Dios en el corazón de cada ser humano la que hace que todos sean culpables ante el tribunal del juicio divino y convence de pecado —incluso— a aquellos que nunca han conocido la Palabra escrita.

La idea de que el único pecado mortal es rechazar a Cristo y que los hombres no son responsables por el pecado en aquellas partes del mundo donde no se ha predicado el evangelio es un error monstruoso. Hay una luz que ilumina a todo hombre que viene al mundo. Es el pecado contra la luz lo que destruye a los hombres, no el rechazo a Cristo, aunque ese acto deja al pecador desolado en su pecado y lo excluye para siempre del amor perdonador de Dios.

Está escrito que Cristo sostiene todas las cosas por la palabra de su poder; y que la palabra que sostiene todas las cosas es emitida por la voz poderosa de Dios que suena vibrante en toda la creación. La Biblia no se parece, como algunos creen, a la última voluntad ni al testamento final de Dios; es, más bien, la expresión escrita de la mente del Dios vivo, inactiva hasta que el mismo aliento que la inspiró al principio vuelve a soplar sobre ella.

El otro error, que pregona que Dios solo habló una vez y ya, es el que sostienen varios tipos de cristianos liberales. Es el que proclama que, dado que Dios habla en su universo, no existe un canon inspirado de las Escrituras que contenga un cuerpo completo de verdades reveladas que pueda servir como única fuente definitiva de doctrina y práctica. Según esos señores, las dos ideas se contradicen. Si Dios todavía está hablando, entonces debemos mantener nuestras mentes abiertas a una mayor revelación que podría manifestarse "según ellos", a través de poetas, filósofos, científicos y novelistas, así como de cualquier religioso de diversa índole. Dondequiera que se descubre una nueva verdad o se presentan ideas nuevas y avanzadas, allí Dios vuelve a hablar como lo hizo una vez por medio del profeta y vidente en la antigüedad.

Debemos conceder a esos hombres, ciertamente, el derecho a creer lo que quieran, así como el de enseñar lo que crean. Pero una cosa está clara: cada vez que, por cualquier motivo, niegan la finalidad de la revelación bíblica e insisten en una revelación continua que tenga la misma autoridad que las Sagradas Escrituras, se excluyen del cristianismo y, por ende, prescinden del nombre de cristiano. Simplemente no son cristianos en el sentido bíblico e histórico de la palabra.

Entre las ideas de un canon bíblico fijo y un Dios que habla constantemente no hay contradicción. Dios, en las Escrituras, ha hecho que se escriba un cuerpo —completo y suficiente— de verdad. Los hombres santos fueron impulsados por el Espíritu Santo a escribir las palabras que Dios sabía que serían las más adecuadas para enseñar doctrina y para reprobar, corregir e instruir en justicia. Lo que quiero señalar aquí es que si la voz viva de Dios no hablara en el mundo y en los corazones de los hombres, la Palabra escrita no podría tener significado real para nosotros. Debido a que Dios está hablando en su mundo constantemente, podemos escucharlo hablar en su Palabra escrita.

CAPÍTULO 3

PERMANEZCAMOS QUIETOS PARA SABER

"Quédense quietos, reconozcan que yo soy Dios" (Salmos 46:10).

Nuestros padres tenían mucho que decir sobre la quietud, lo que entendían por ausencia de movimiento, carencia de ruido o ambas cosas.

Ellos pensaban que debían permanecer quietos al menos durante una parte del día o, el día completo, pasaría en vano. Dios puede ser conocido en plena algarabía del mundo, si su providencia nos ha colocado allí por el momento; aun cuando se lo conoce mejor en el silencio. Así lo sostuvieron, y lo afirman, las Sagradas Escrituras. La seguridad interior surge de la quietud. Debemos estar quietos para obtener conocimiento.

Es difícil que haya habido otro momento en la historia del mundo en el que la quietud fuera más necesaria que hoy, y seguramente no ha habido otro instante en el que haya sido tan poca o en que fuera tan difícil de hallar.

Cristo es contemporáneo de todo ser humano. Su presencia y su poder se nos ofrecen en esta época de loca actividad y ruidos mecánicos con tanta certeza como a los pescadores en el tranquilo lago de Galilea o a los pastores en las llanuras de Judea. La única condición es que estemos lo suficientemente quietos para escuchar su voz, de manera que creamos y prestemos atención a lo que escuchamos.

Algunas cosas se pueden aprender bajo el ruido que impera en la vida moderna. En medio de esa vorágine podemos convertirnos en ingenieros, científicos o arquitectos. En la rutina podemos aprender a pilotar un avión a reacción o a administrar una tienda departamental. Podemos ganar una competencia atlética, dirigir una orquesta, obtener un título o ser elegidos a un cargo público. Hacemos estas cosas aceptando la civilización tal como es y ajustándonos a ella. Así nos convertimos en hijos del siglo veintiuno y nuestra psicología se forma con la época. Nos movemos con tanta gracia como podemos a través de los complicados pasos de la danza de las circunstancias, y el ruido realmente ayuda a nuestro movimiento; o, sin saber hacia dónde nos dirigimos, marchamos con la multitud al son de una música estridente que nos hace mantener el paso y añade un poco de placer al esfuerzo.

Los hombres pueden hacer funcionar estas cosas y lo están haciendo. Pero cuando comenzamos a dudar de la validez de una filosofía basada en la ciencia física y a cuestionar la solidez de una civilización que produjo la bomba H, y sobre todo cuando comenzamos a buscar a Dios a tientas por si acaso podemos encontrarlo, algo extraño y maravilloso sucede. A medida que nos acercamos a la antigua Fuente de nuestro ser, descubrimos que ya no somos eruditos ni ignorantes, modernos o anticuados, toscos o cultos, blancos o negros; ante esa Presencia imponente solo somos *hombres*, seres humanos. Las distinciones artificiales se desvanecen. Miles de años de educación desaparecen en un momento y volvemos a estar donde estuvieron Adán y Eva después de la Caída, donde estuvieron Caín y Abel, fuera del jardín, asustados, deshechos y fugitivos por el terror de la ley quebrantada.

Allí, ante el tribunal, que de repente se vuelve tan real para el pecador tembloroso como si fuera el juicio final, ninguna técnica religiosa moderna sirve; ninguno de los métodos cuidadosamente pensados funciona. El hombre civilizado, rodeado de sus ruidosos y recientemente inventados aparatos, retrocede en su corazón a través de los siglos de "progreso" y vuelve a convertirse en una cosa humana aterrorizada y llorosa, que necesita desesperadamente un Salvador.

Debido a que eso es cierto, cualquier evangelismo que —apelando a intereses comunes y charlando sobre eventos actuales— busque establecer un terreno común donde el pecador pueda sentirse como en casa, es tan falso como lo fueron siempre los altares de Baal. Todo esfuerzo por allanar el camino a los hombres y eliminar la culpa y la vergüenza es peor que hacer algo en vano; es malo y peligroso para las almas de los seres humanos.

Uno de los errores actuales más populares, y del que surge la mayor parte de la ruidosa y azarosa actividad religiosa que se efectúa en los círculos evangélicos en estos días, es la noción de que a medida que los tiempos cambian, la iglesia debe cambiar con ellos. Los cristianos deben adaptar sus métodos a lo que les exija el pueblo.

Si quieren sermones de diez minutos, predíqueles sermones que no excedan ese tiempo. Si quieren la verdad en forma de cápsula, désela. Si quieren fotografías, proporcióneles muchas de ellas. Si les gustan las historias, cuénteles historias. Si prefieren absorber su instrucción religiosa a través del drama, acompáñelos, deles lo que quieran. "El mensaje es el mismo, solo cambia el método", dicen los defensores de la indulgencia.

"A quien los dioses quieren destruir, primero lo vuelven loco", decían los antiguos griegos, y eran más sabios de lo que pensaban. Esa mentalidad que confunde a Sodoma con Jerusalén y a Hollywood con la Ciudad Santa está tan gravemente descarriada que no puede explicarse de otra manera que no sea como una locura judicial impuesta a los cristianos profesos por las afrentas cometidas contra el Espíritu de Dios.

Él dijo:
—Ve y dile a este pueblo:
"Oigan bien, pero no entiendan;
    miren bien, pero no perciban".

Haz insensible el corazón de este pueblo;
  endurece sus oídos
  y cierra sus ojos,
no sea que vea con sus ojos,
  oiga con sus oídos
  y entienda con su corazón,
se convierta y sea sanado

(Isaías 6:9-10).

Sin embargo, razonan algunas personas serias, dado que no hay quietud en este mundo computarizado, debemos aprender a vivir sin ella. No podemos esperar recuperar las aguas serenas y los pastos tranquilos donde una vez David condujo a sus ovejas. Esta carrera incesante de la civilización es demasiado desenfrenada para que podamos detenernos a escuchar la apacible y delicada voz de Dios, por lo que debemos aprender a escucharlo hablar en medio del terremoto y la tormenta. Y si la evangelización moderna se adapta al tumulto y la agitación de estos tiempos, ¿por qué debería alguien quejarse? ¿No es un esfuerzo sincero ser todo para todos los hombres, de manera que por todos los medios algunos de ellos sean salvos?

La respuesta es que el alma del hombre no cambia esencialmente, por mucho que lo hagan las condiciones externas. El aborigen en su choza, el profesor universitario en su estudio, el camionero en el caos del tráfico citadino tienen las mismas necesidades básicas: deshacerse de sus pecados, obtener la vida eterna y entrar en comunión con Dios. Los ruidos y actividades civilizados son fenómenos superficiales, una erupción temporal en la epidermis de la raza humana. Atribuirles valores sólidos y luego tratar de armonizar la religión con ellos es cometer un error moral tan grande que hace tambalear la imaginación, y por el cual seguramente estaremos pagando mucho después de que este frenético espectáculo que llamamos civilización haya terminado en tragedia y dolor eterno.

Lo que ciertos maestros religiosos no logran comprender es que la verdadera experiencia cristiana ocurre en el espíritu humano, muy dentro y por debajo de la superficie cambiante de las cosas. Es solo la superficie la que responde al ruido y la agitación. La parte más profunda del hombre yace en un silencio primitivo esperando esa palabra vivificante que le dará un segundo nacimiento. Debido a que este espíritu lejano del hombre está separado de Dios, toda la vida está desordenada; de modo que la carne y la imaginación toman el control y dirigen el pensamiento, la voluntad y la acción del hombre individual y de la raza de la que forma parte. Estos crean la danza macabra, la danza de la muerte que conocemos como sociedad y en la que como hombres naturales nos encontramos.

El cristianismo popular repite como un loro el lenguaje de la teología del Nuevo Testamento, pero acepta la opinión del mundo sobre sí mismo y diligentemente imita sus caminos (excepto por unas pocas prácticas malvadas que incluso el propio mundo admite que son incorrectas). Luego se ofrece a Cristo como algo adicional, un "Amigo allá arriba", un garante que estará con nosotros cuando la agitación y los clamores cesen y seamos llamados a descansar en la seguridad que él nos brinda.

Recordemos que los grandes hechos esenciales no han cambiado. Los hombres siguen siendo lo que eran y el Hijo del Hombre es para siempre quien es y lo que fue. Él llama a lo eterno en nosotros. Una profundidad llama a otra profundidad y la llamada, si es que es escuchada, es oída por aquello en nosotros que no es ni salvaje ni civilizado, viejo ni joven, occidental ni oriental, sino simplemente humano y una vez hecho a imagen de Dios.

Es significativo que el salmo en el que aparecen las palabras "Estad quietos" esté lleno de ruido y conmoción. La tierra tiembla, las aguas rugen y se alborotan, los montes amenazan con caer en medio del mar, las naciones se amotinan, los reinos se conmueven y el estruendo de la guerra se oye por toda la tierra. Entonces se oye una voz desde el silencio que dice: "Estad quietos y conoced que yo soy Dios" (Salmos 46:10 RVR1960).

Así que hoy debemos escuchar hasta que nuestros oídos internos escuchen las palabras de Dios. Cuando se escuche la Voz, no será como los gritos excitados del mundo nervioso y agitado;

más bien será el llamado tranquilizador de aquel de quien se dijo: "No llorará, ni alzará, ni hará oír su voz en la calle" (Isaías 42:2).

No se puede escuchar en la calle, pero se puede escuchar claramente en el corazón. Y eso es todo lo que importa, a fin de cuentas.

CAPÍTULO 4

LOS REINOS DEL MUNDO Y LA GLORIA DE ELLOS

U na vez, Satanás intentó provocar que Cristo cayera en sus garras ofreciéndole todos los reinos del mundo y la gloria de ellos. Esa es una prueba suficiente de que el diablo es sabio, pero no tanto.

Él conocía la naturaleza humana caída y sabía cómo manipularla. Conocía el poder de la fastuosidad y las circunstancias para encantar al corazón pecador, a fin de cautivarlo. Al presentarle a Jesús, hecho hombre, la gloria del mundo, se estaba aprovechando astutamente de una debilidad pertinente a la raza humana creyendo —de modo inútil— que lo lograría. El truco debió haber funcionado, a no ser por un detalle: este individuo no era una simple criatura caída a la que Satanás intentaba seducir; era un Hombre sin pecado, lleno del Espíritu Santo y de sabiduría, cuya mirada penetrante atravesó el atractivo exterior del mundo y vio lo que había dentro. Lo que vio le repugnó. Él no tendría parte en ello.

Nuestro Señor vio en la gloria del mundo no lo que otros hombres observaron y, al contrario, notó lo que otros no pudieron ver. No vio belleza sino muerte, una muerte estrepitosa que debe

21

pagarse con el alma. Tras sus sugerentes atractivos, vio corrupción y decadencia. Sabía que su gloria no era más que un cebo para atrapar víctimas insensatas. Sabía que sus radiantes promesas eran todas mentiras.

Todo eso lo sabía Jesús; pero Satanás, a pesar de toda su sabiduría, ignoraba que su aparente víctima lo sabía. El diablo es un asiduo estudiante de la Biblia, pero aun así desconocía que el Señor supiera eso o no habría intentado lo imposible, lo que redundaba en su propia confusión y permanente pérdida de prestigio.

La condición engañosa de toda gloria humana se enseña en toda la Biblia y con audaz énfasis en el Nuevo Testamento. Los santos y los creyentes fieles, desde tiempos tan remotos como el de los apóstoles también enseñaron eso con gran claridad. Hoy lo cantamos en nuestros himnos y lo repetimos en nuestras oraciones, ningún cristiano dejaría de admitir esa verdad.

Con la Biblia abierta ante nosotros y una larga tradición de verdades impartidas, no parecería haber ninguna razón para que —ante nuestro trágico fracaso— no reconozcamos el atractivo engañoso del mundo y —por tanto— nos mantengamos alejados de él. Porque no se deben negar los hechos: la iglesia ha sido capturada por los reinos del mundo y la gloria de ellos. A pesar de las voces proféticas que se alzan aquí y allá entre nosotros, los creyentes de hoy son atraídos al mundo con una fuerza irresistible.

Ese mundo que nuestro Salvador una vez se negó a comprar al costo de desobedecer a Dios, ahora está cortejando a sus profesos seguidores con todo artificio astuto y engañoso. La gloria que nuestro Señor una vez rechazó con frío desprecio ahora es admirada y buscada por multitudes que hacen una ruidosa profesión de fe en el evangelio. El viejo truco que nuestro Señor descubrió tan fácilmente consiste en cautivar a sus seguidores actuales con una sonrisa de asentimiento. El diablo no conoció a Cristo, pero aparentemente conoce a los cristianos.

Hace un siglo, Satanás lanzó una campaña para destruir la fe evangélica mediante un ataque directo a las Escrituras. Juzgó mal la fuerza de la ortodoxia cristiana, por lo que sufrió grandes pérdidas. Hoy en día, el término "modernismo" es una palabra sin mucho significado, tanto que muchos liberales ahora admiten que han perdido la pasión palpitante de su fe. Pero el credo evangélico es tan vigoroso como siempre e, incluso, en círculos eruditos ahora se considera intelectualmente respetable creer en la verdad cristiana.

No, el esfuerzo de Satanás por destruir el cristianismo en el aspecto doctrinal no ha tenido éxito; probablemente haya más creyentes en la Biblia ahora que en cualquier otro momento de la historia. Aun así, la verdadera fe en la cruz corre un gran y grave peligro en otro frente y, curiosamente, muchos de los mismos guerreros que lucharon con tanta valentía cuando la veracidad de la Biblia fue atacada han fallado en reconocer al enemigo que se ha acercado desde una nueva dirección.

El verdadero peligro hoy surge dentro del redil de los creyentes ortodoxos. Consiste en una aceptación de los valores del mundo, una creencia de que los reinos del mundo y la gloria de ellos son premios válidos y meritorios que los hombres y mujeres creyentes deben perseguir. Los líderes ciegos de almas ciegas están admitiendo que, después de todo, hay algo que decir a favor de la gloria mundana. Insisten en que los cristianos no deben aislarse de los placeres del mundo, excepto —por supuesto— de aquellos que sean demasiado degradados para una sociedad respetable. Todo lo demás vale, por lo que los mismos valores que Cristo despreció ahora se están utilizando para atraer a la gente al evangelio.

Creen que Cristo, ahora, necesita un modelo, una celebridad que lo respalde ante el mundo. Que busca débilmente a su alrededor alguna figura conocida cuya popularidad pueda aprovechar para montar sobre ella, de la misma manera en que una vez entró en Jerusalén encima del lomo de un asno. Su capacidad para atraer a la gente es cuestionada francamente, por lo que se recurre a cualquier truco para lograrlo. La gloria barata y de mal gusto que una vez el propio Jesús rechazó la colocan alrededor de su cabeza como una corona. Una corona cubierta de imitaciones baratas, tomadas prestadas del mundo: prosperidad económica, éxito, fama, fortuna, renombre, multitudes, aceptación social, pompa, ostentación, honra terrenal. Los deseos de la carne, los deseos de los ojos y el orgullo de la vida han sido cristianizados (no por los liberales, claro está, sino por los propios creyentes) y ahora se ofrecen junto con Cristo a todo aquel que "crea".

Y además de eso, todavía oramos por un avivamiento, inconscientes de nuestra oscura traición y sin intención de arrepentirnos. Todas esas oraciones son vanas. Solo necesitamos humillarnos para obedecer la verdad, una vez hagamos esto el avivamiento que deseamos habrá comenzado. Un avivamiento emocional superpuesto a una religión evangélica irremediablemente vendida a la gloria del mundo no haría más que aumentar la confusión y confirmar el engaño.

Oh Señor, salva a tu pueblo de semejante trampa.

CAPÍTULO 5

LA IMPORTANCIA FUNDAMENTAL DE LA IGLESIA

La expresión más elevada de la voluntad de Dios en este tiempo es la iglesia que él compró con su propia sangre. Para ser válida escrituralmente, cualquier actividad religiosa debe ser parte de la iglesia. Que quede claro que no puede haber ningún servicio aceptable a Dios, en esta época, que no se centre y surja de la iglesia. Las instituciones bíblicas, las publicadoras de literatura, los comités de empresarios cristianos, los seminarios, universidades y los muchos grupos independientes que trabajan en una u otra fase de la fe cristiana necesitan examinarse a sí mismos con reverencia y valentía, porque no tienen verdadero significado espiritual si no se anclan en la iglesia.

La iglesia, según las Escrituras, es la habitación de Dios a través del Espíritu y —como tal— es el organismo más importante bajo el sol. La iglesia no es una buena institución más junto con el hogar, el Estado y la escuela; es la más fundamental de todas las instituciones, la única que puede proclamar un origen celestial.

El cínico puede preguntar a qué iglesia nos referimos y puede recordarnos que la iglesia cristiana está tan dividida que es imposible decir cuál es la verdadera, incluso si existiese. Pero no nos preocupa demasiado la sonrisa reprimida del que duda. Estando dentro de la iglesia probablemente somos tan conscientes de sus faltas como podría serlo cualquier persona ajena a ella. Y, sin embargo, creemos en ella ahí, donde se manifiesta, en un mundo de oscuridad e incredulidad.

La iglesia se encuentra dondequiera que el Espíritu Santo reúne a unas pocas personas que confían en Cristo y en la salvación que él brinda, que adoran a Dios en espíritu y que no tienen tratos con el mundo ni con la carne. Los miembros de la iglesia pueden estar dispersos sobre la faz de la tierra y separados por la distancia y las circunstancias, pero en cada verdadero miembro de la iglesia yace el instinto de volver a casa y el anhelo de las ovejas por el redil y el Pastor. Dale cualquier oportunidad a algunos cristianos verdaderos y se reunirán, organizarán y planificarán reuniones periódicas para la oración y la adoración. En esas reuniones escucharán la exposición de las Escrituras, partirán el pan de la comunión juntos de una forma u otra según su perspectiva y tratarán, en la medida de lo posible, de difundir el evangelio salvador al mundo perdido.

Esos grupos son células del cuerpo de Cristo, y cada uno es una verdadera iglesia, una parte real de la iglesia mayor. Es en, y a través de, estas células que el Espíritu hace su obra en la tierra. El que desprecia la iglesia local desprecia al Cuerpo de Cristo.

Todavía hay que tener en cuenta a la iglesia. "Las puertas de los dominios de la muerte no prevalecerán contra ella" (Mateo 16:18).

CAPÍTULO 6

ORGANIZACIÓN: NECESARIA Y PELIGROSA

L a organización, en esencia, es la disposición de varias partes de un conjunto de tal manera que se relacionen entre sí para lograr un objetivo deseado. Esto puede ser por consentimiento o por obligación, según las circunstancias.

Es necesaria cierta medida de organización en todo el universo creado y en toda la sociedad humana. Sin eso no podría haber ciencia, ni gobierno, ni unidad familiar, ni arte, ni música, ni literatura, ni actividad creativa de ningún tipo.

La vida requiere organización. No existe vida aparte del medio —u organismo— a través del cual se expresa. No puede existir como un ente, en sí mismo, independiente de un cuerpo organizado. Solo existe donde hay algún cuerpo, alguna forma en la que pueda residir. Y dondequiera que haya cuerpo y forma, hay organización. El hombre, por ejemplo, es la suma de sus partes organizadas y coordinadas, y en ellas —y a través de ellas— se expresa el misterio de la vida. Cuando las partes se desorganizan, por cualquier motivo, la vida desaparece y el hombre muere.

La sociedad requiere de organización. Si los hombres han de vivir juntos en el mundo, deben estar organizados de alguna manera. Esto ha sido reconocido en todos los tiempos y lugares, por lo que se ve en todos los niveles de la sociedad humana, desde una tribu en la jungla más remota hasta un imperio global. El objetivo del gobierno, idealmente, es lograr el orden con un mínimo de restricción y al mismo tiempo permitirle un máximo de libertad al individuo.

Todas las personas inteligentes admiten que algo de restricción de la libertad individual es bueno y necesario; todo el mundo también admite que demasiada moderación es malo. El desacuerdo surge cuando intentamos definir "algo" y "demasiado". ¿Cuánto es demasiado? ¿Y cuán poco es algo? Si esto pudiera resolverse, la paz descendería sobre los Congresos y los Parlamentos del mundo; los demócratas y los liberales se pondrían de acuerdo con los republicanos y los conservadores, y cualquier jovencito podría liderarlos. La diferencia entre el Estado esclavista y el Estado libre es cuestión de grado. Incluso los países totalitarios disfrutan de cierta libertad y los ciudadanos de las naciones libres deben soportar cierta moderación. Es el equilibrio entre ambos lo que decide si determinado país es libre o esclavista. Ningún ciudadano informado se cree absolutamente libre. Sabe que su libertad debe ser restringida en alguna medida para beneficio de todos. Lo mejor que puede esperar el individuo es que la reducción se mantenga al mínimo. A este mínimo de restricción se le llama "libertad" y es tan valioso que la persona está dispuesta a arriesgar su vida por ella. El mundo occidental libró dos guerras importantes en veinticinco años para preservar ese equilibrio de libertad y escapar de las restricciones más severas que el nazismo y el fascismo le habrían impuesto.

Al estar centrado en Cristo y orientado a la iglesia en su pensamiento, el que escribe —por supuesto— relaciona todo con la fe cristiana. Estoy y he estado durante años muy angustiado por la tendencia a sobreorganizar la comunidad cristiana, razón por la cual se me ha acusado de no creer en la organización. La verdad es muy diferente.

El hombre que se opone a cualquier organización en la iglesia debe, necesariamente, ignorar los hechos de la vida. El arte es belleza organizada; la música es sonido organizado; la filosofía es pensamiento organizado; la ciencia es conocimiento organizado;

el gobierno es simplemente una sociedad organizada. Por tanto, ¿qué es la verdadera iglesia de Cristo sino el misterio organizado? El corazón palpitante de la iglesia es vida —en la acertada frase de Henry Scougal— "la vida de Dios en el alma del hombre". Esta vida, junto con la presencia actual de Cristo en ella, constituye a la Iglesia en algo divino, en un misterio, en un milagro. Sin embargo, sin sustancia, forma y orden, esa vida divina no tendría morada ni forma de expresarse ante la comunidad.

Por esa razón el Nuevo Testamento está lleno de temas sobre la organización. Las epístolas pastorales de Pablo y sus cartas a los cristianos corintios revelan que el gran apóstol era un organizador. Por eso le recordó a Tito que lo había dejado en Creta, para que arreglara lo que faltaba y estableciera ancianos en cada ciudad. Seguramente esto solo puede significar que el apóstol le encargó a Tito imponer algún tipo de orden sobre los diversos grupos de creyentes que vivían en la isla, y el orden solo se puede lograr mediante la organización.

Los cristianos han tendido a equivocarse en una de varias direcciones porque no han comprendido el propósito de la organización o los peligros que la acompañan, si se permite que se salga de control. Algunos no tendrán organización en ninguna medida y, por supuesto, los resultados serán confusión y desorden, por lo que estos nunca podrán ayudar a la humanidad ni dar gloria a nuestro Señor. Otros sustituyen la vida por la organización y, aunque tengan un nombre para vivir, están muertos. Otros más se enamoran tanto de las reglas y las regulaciones que las multiplican más allá de toda razón, y pronto la espontaneidad es sofocada dentro de la iglesia y la vida extraída de ella.

Es este último error el que más me preocupa. Muchos grupos eclesiales han perecido por demasiada organización, así como otros por muy poca. Los líderes sabios de la iglesia estarán atentos a ambos extremos. Un individuo puede morir, tanto por tener la presión arterial demasiado baja como por tenerla demasiado alta; poco importa lo que le quite la vida. Está igualmente muerto de cualquier manera. Lo importante en la organización de la iglesia es descubrir el equilibrio bíblico entre los extremos y evitarlos ambos.

Es doloroso ver a un grupo feliz de cristianos, nacidos en la sencillez y unidos por los lazos del amor celestial, perder poco a poco su carácter humilde, empezar a intentar regular cada tierno impulso del Espíritu y morir lentamente desde dentro. Sin embargo, esa es la dirección que casi todas las denominaciones cristianas han tomado a lo largo de la historia y, a pesar de las advertencias establecidas por el Espíritu Santo y las Escrituras, es el rumbo que casi todos los grupos eclesiásticos están tomando hoy.

Si bien existe cierto peligro de que nuestros grupos evangélicos actuales sufran por falta de una organización adecuada, el verdadero peligro seguramente está en el otro lado. Las instituciones religiosas a menudo se ven envueltas en asuntos complicados o burocráticos con relativa facilidad. ¿Qué hay detrás de eso?

En primer lugar, creo que eso surge de un deseo natural —aunque carnal—, por parte de una minoría talentosa, de someter a la mayoría menos dotada y llevarla a un punto en que no se interponga en el camino de sus elevadas ambiciones. El dicho frecuentemente citado (y casi siempre mal citado) es cierto tanto en la fe como en la política: "El poder tiende a corromper y el poder absoluto corrompe absolutamente". El anhelo de tener la preeminencia es una enfermedad para la que nunca se ha encontrado una cura natural.

Otra causa de nuestra exagerada y fea organización excesiva es el miedo. Las iglesias y las instituciones fundadas por hombres santos con valentía, fe e imaginación santificada parecen incapaces de propagarse en el mismo nivel espiritual más allá de una o dos generaciones. Los padres espirituales no pudieron engendrar creyentes con valor y fe iguales a ellos. Los padres tenían a Dios y poco más, pero sus descendientes pierden la visión, por lo que buscan en métodos y constituciones el poder que sus corazones les dicen que les falta. Entonces las reglas y los precedentes se endurecen hasta convertirse en una coraza protectora donde pueden refugiarse de los problemas. Siempre es más fácil y seguro apretarnos el cuello que luchar en el campo de batalla.

En toda nuestra vida caída hay una fuerte atracción gravitacional hacia la complejidad y el alejamiento de las cosas simples y reales. Parece haber una especie de triste inevitabilidad detrás de nuestro mórbido impulso hacia el suicidio espiritual. Solo mediante una visión profética, una oración vigilante y un trabajo arduo podremos revertir la tendencia y recuperar la gloria perdida.

En el antiguo cementerio cerca del histórico Plymouth Rock, donde duermen los Padres Peregrinos, hay una piedra en la que están grabadas estas solemnes palabras (cito de memoria): "Lo que nuestros padres consiguieron a tan alto precio, no lo arrojemos a la ligera".

Nosotros, los cristianos de este siglo, haríamos bien en aplicar estas palabras a nuestra propia situación religiosa. Todavía somos protestantes. Debemos protestar por la luz que desperdicia nuestra libertad religiosa. Estamos perdiendo la libertad del cristianismo primitivo. Uno por uno, estamos renunciando a esos derechos adquiridos para nosotros por la sangre del pacto eterno: el derecho a ser nosotros mismos, el derecho a obedecer al Espíritu Santo, el derecho a tener nuestros propios pensamientos, el derecho a hacer lo que queramos con nuestras vidas, el derecho de determinar bajo Dios lo que haremos con nuestro dinero.

Y recuerde, nuestros peligros por el momento no provienen del exterior, sino del interior.

CAPÍTULO 7

EL TESTIMONIO DEL CRISTIANO ANTE EL MUNDO

La misión de la iglesia es declarar, proclamar, testificar. Se estableció en la tierra para ser testigo de grandes verdades eternas que recibió de Dios y que el mundo no podría conocer a menos que ella las difundiera.

Jesús le dijo a la iglesia naciente: "Vayan y hagan discípulos de todas las naciones" (Mateo 28:19). La iglesia debía enseñar y el mundo escuchar, de forma que todos los que recibieran el testimonio de ella debían ser bautizados y enseñados en los misterios del reino de Dios.

Ese fue el orden establecido por el Cristo resucitado. Aquellos primeros cristianos habían visto y oído maravillas que al principio los atemorizaron y luego los llenaron de una gran emoción espiritual que no podían contener. Dejaron atrás la tumba vacía de la que había salido su Señor y, literalmente, corrieron a difundir la noticia con mucho gozo.

Unos días más tarde, el Espíritu Santo se derramó sobre ellos para confirmar la verdad y añadir un nuevo impulso de poder moral a su testimonio.

Así empezó todo. La iglesia primitiva tenía el mensaje y el mundo lo necesitaba con urgencia. Los discípulos habían visto, palpado y sentido esa vida eterna que emanaba del Padre y que fue manifestada a los hombres; por lo que, impulsados por un apremio irresistible, acudieron a judíos y griegos, esclavos y libres, pudientes y menesterosos para contar, declarar, testificar y publicar ese mensaje bendito por todos los medios posibles. Las sucesivas generaciones de cristianos, que no habían visto a Cristo con sus ojos físicos, sino que lo hallaron en un encuentro vivo y lo conocieron por medio de la operación interna del Espíritu Santo, proclamaron ese mensaje con el mismo celo que lo habían hecho sus primeros seguidores. Tenían algo que decirle al mundo. Eran testigos que hablaban de sus experiencias con entusiasmo. Eran individuos consagrados a su fe y celosos de ella y estaban convencidos de que tenían la verdad que el mundo necesitaba desesperadamente, por lo que este no podía permitirse el lujo de ignorarla.

Así ha sido en todos los lugares donde la iglesia ha sido vista y oída. Como ella está consciente de que hay Alguien que camina entre los candelabros dorados con una voz como el sonido de muchas aguas, se ha puesto de pie para hacer eco de esa voz y el mundo ha tenido que escuchar. Algunas veces ese mundo les daba la espalda a sus benefactores y los perseguía hasta la muerte; en otras ocasiones escuchaba como Herodes lo hizo con Juan el Bautista: profundamente conmovido por lo que oía, pero renuente a obedecer. A veces escuchaba con simpatía y muchas personas se arrepentían y seguían a Cristo. *Pero el mundo siempre estuvo en el extremo receptor. La iglesia hablaba y el mundo escuchaba.* Así fue como Cristo dijo que debía ser.

Sin embargo, escuchen oh cielos y asómbrate oh tierra porque ha sucedido un gran trastorno en la posición entre la iglesia y el mundo, una alteración tan radical y grotesca que no se habría creído si se hubiera predicho hace algunos años.

La iglesia ha perdido su testimonio. Ya no tiene nada que decirle al mundo. Su otrora fuerte grito de seguridad se ha desvanecido hasta convertirse en un susurro de disculpa. La que una vez salía a declarar ahora sale a indagar. Su declaración de fe se ha convertido en una sugerencia cortés, un consejo religioso, expresada en el entendido de que —después de todo— solo es una opinión y no pretende parecer intolerante.

La iglesia no solo no tiene nada que decirle al mundo, sino que también se han invertido las cosas; por lo que los ministros de Cristo ahora van al mundo en busca de luz. Se sientan a los pies de Adán para recibir instrucción, sometiendo su mensaje a los sabios y los prudentes antes de atreverse a transmitirlo. Pero la certeza que surge de ver y la seguridad que brota de oír, ¿dónde están?

Seamos más concretos. ¿De quién estoy hablando aquí? ¿Del liberal, o modernista, que niega la autenticidad de las Escrituras? Me gustaría que fuera de él. Pero no, no me refiero al modernista. Considero que está muerto hace mucho tiempo, por lo que no espero nada de él. Es de la iglesia evangélica de la que hablo y de las llamadas iglesias de hoy. Hablo de la teología evangelizadora popular que cita la Biblia copiosamente pero sin un rastro de autoridad, que acepta al mundo de acuerdo a su propia estima. Del "cristiano" que reprende a los pecadores como un padre de familia debilucho que hace bastante tiempo que perdió el control de su vida, de su casa, de su familia y no espera ser obedecido, que ofrece a Cristo como un tranquilizante religioso que carece de soberanía y no tiene ninguna apariencia de señorío, que adopta los métodos del mundo, corteja el favor de los hombres ricos, políticos y donjuanes, con el entendido, por supuesto, que estos se rebajarán a decir alguna palabra bonita sobre Jesús, de vez en cuando.

Me refiero a un periodismo religioso muy ortodoxo pero que difícilmente puede diferenciarse en apariencia, tono, espíritu, lenguaje, método u objetivo de cualquier medio de comunicación secular al que imita de manera tan diligente. Me refiero al cristianismo que le dice a Cristo: "comeremos de nuestro pan, y nos vestiremos de nuestras ropas; solamente permítenos llevar tu nombre, quita nuestro oprobio" (Isaías 4:1 RVR1960). Me refiero a las masas de cristianos que han "aceptado" a Jesús, pero que convierten sus iglesias en teatros, en discotecas oscuras, que ignoran por completo la adoración, malinterpretan la cruz y están totalmente ciegos a las graves implicaciones del discipulado.

Insisto, me refiero a la nueva generación de liberales que usan el lenguaje de la ortodoxia pero que —sin embargo— son compañeros de sus antecesores de vieja data y que intentan escapar del reproche de la cruz mediante lo que les gusta creer que es una exhibición deslumbrante de intelectualismo.

La iglesia está en su cautiverio babilónico, y así como Israel no podía entonar los cánticos de Sión en una tierra extraña, los cristianos bajo esta esclavitud de hoy no tienen ningún mensaje autoritativo que difundir. Deben esperar a que se transmita la noticia para recibirla por las redes sociales y leer la revista *TIME* para conocer un tema. Como el acosado editor de un periódico amarillista que languidece en busca de una buena historia cuando en las últimas horas no ha ocurrido ningún asesinato o accidente conveniente, así el profeta en Babilonia espera una guerra, un nuevo acontecimiento en el Medio Oriente o un espacio para rescatarlo del silencio forzado y darle un nuevo lugar en su púlpito.

Sin embargo, ¿a qué está llamada la iglesia a difundir? ¿Cuáles son las palabras duras, audaces y eternas con las que ha sido enviada para hablar al mundo? La primera es que Dios es todo en todos. Él es la gran Realidad que da significado a todas las demás realidades.

"Ustedes son mis testigos", afirma el Señor, "y mi siervo a quien he escogido, para que me conozcan y crean en mí, y entiendan que yo soy. Antes de mí no hubo ningún otro dios ni habrá ninguno después de mí. Yo, yo soy el Señor, fuera de mí no hay ningún otro salvador. Yo he anunciado, salvado y proclamado; yo entre ustedes y no un dios extraño. Ustedes son mis testigos de que yo soy Dios", afirma el Señor el día en que yo soy él; y no hay quien pueda librarme de mi mano. Yo trabajaré, ¿y quién lo permitirá?" (Isaías 43:10-13).

El siguiente gran hecho es que fuimos creados *por* Dios y *para* él. La respuesta a la pregunta "¿De dónde vengo?" nunca es mejor que la que dio la madre que dice: "Dios te hizo". Todo el conocimiento del mundo no puede mejorar esa sencilla respuesta. La investigación científica ha profundizado en los secretos de cómo opera la materia, pero el origen de esta reside en un insondable silencio y se niega a dar respuesta a ninguna pregunta. Dios hizo los cielos y la tierra, y creó al hombre sobre la tierra para sí mismo; no hay otra respuesta a la pregunta: "¿Por qué me hizo Dios?".

El cristiano no es enviado a discutir ni persuadir, ni a probar ni a demostrar; es enviado a declarar: "Así dice el Señor". Al cumplir con esto, hace a Dios responsable del resultado. Nadie sabe lo suficiente ni puede saber lo suficiente para ir más allá de eso. Dios nos hizo para sí mismo: eso es lo primero y lo último que se puede decir sobre la existencia humana y todo lo que agreguemos no es más que especulaciones.

Al considerar quién es Dios y quiénes somos nosotros, podemos establecer una relación correcta entre Dios y nosotros, lo cual es de vital importancia. Que Dios sea glorificado en nosotros es tan relevante que resalta como un atributo destacado y excepcional, un imperativo moral más apremiante que cualquier otro que el corazón humano pueda reconocer. Llegar a un punto en el que Dios se complazca eternamente con nosotros debería ser el primer acto responsable de todo hombre.

Conociendo nuestro pecado e ignorancia moral, la imposibilidad de lograr una relación tan tierna se vuelve instantáneamente evidente. Puesto que no podemos acudir a Dios, ¿qué haremos entonces? La respuesta se encuentra en el testimonio cristiano: que Dios vino a nosotros en la Encarnación, en su Hijo, en Jesucristo. Sin embargo, "¿Quién es Jesús?", pregunta el mundo, y la Iglesia responde: "Jesús es Dios acercándose a nosotros". Se ha acercado para buscarnos, cortejarnos, ganarnos nuevamente para Dios. Y para ello necesitaba morir por nosotros para redimirnos. Él debe, de alguna manera, deshacer nuestros pecados, destruir nuestro registro de faltas cometidas y romper el poder de los pecados arraigados dentro de nosotros. Todo eso, dice el testigo cristiano, lo hizo en la cruz de manera perfecta, eficaz y para bien.

"¿Dónde está Jesús ahora?", pregunta el mundo, y el cristiano responde: "A la diestra de Dios". Murió pero no está muerto. Resucitó como había dicho que lo haría, y decenas de testigos oculares —sobrios y confiables— lo vieron después de su regreso de entre los muertos. Mejor aun, su Espíritu ahora revela al corazón del creyente no a un Cristo muerto sino uno vivo. Esto somos enviados a declarar con todo el dogmatismo audaz de aquellos que saben, que han estado allí y lo han experimentado más allá de toda posibilidad de duda.

El evangelio es la proclamación oficial de que Cristo murió por nosotros y resucitó, con el anuncio adicional de que todo aquel que crea y, como resultado de esa creencia, se una a Cristo en su entrega total y final, será salvo eternamente. Debe venir con el entendimiento de que no será popular y que será llamado a estar donde Jesús estuvo ante el mundo: ser admirado por muchos, amado por unos pocos y finalmente rechazado por la mayoría de los hombres. Debe estar dispuesto a pagar este precio; o dejarle seguir su camino; Cristo ya no tiene nada más que decirle. El mensaje del cristiano al mundo también debe ser de pecado, justicia y juicio. No debe aceptar en ninguna medida el código moral del mundo, sino oponerse con valentía a él y advertir sobre las consecuencias de seguirlo. Y esto debe hacerlo en voz alta y persistentemente, teniendo al mismo tiempo gran cuidado de caminar con tanta circunspección que no se encuentre ningún defecto en su vida que desmienta su testimonio.

Hay algo más: el testimonio cristiano incluye también la fiel advertencia de que Dios es un Ser justo y santo que no jugará con los hombres ni permitirá que jueguen con él. Él es paciente y espera mansamente ser misericordioso, pero después de un tiempo prudente retira la invitación amistosa del evangelio. Los esfuerzos por persuadir al pecador incorregible son infructuosos, por lo que la muerte fija el estatus del hombre que amó sus pecados y lo dirige al lugar de los rechazados, donde no hay más esperanza para él. Eso es el infierno, y puede ser bueno que sepamos tan poco al respecto. Lo que sabemos es suficientemente aterrador.

Dios tiene mucho más que decirles a sus propios hijos, tanto que se requiere toda una vida de escucha ansiosa para apreciarlo todo; pero su mensaje al mundo es simple y breve. Es tarea de la iglesia seguir repitiéndolo a cada generación hasta que sea aceptado o rechazado por quienes lo escuchan. El cristiano no debe dejarse atrapar por las modas religiosas actuales y, sobre todo, nunca debe acudir al mundo en busca de su mensaje. El cristiano es un ser del cielo enviado para dar testimonio en la tierra. Cuando dé cuenta al Señor que lo compró, que se encargue de su comisión.

CAPÍTULO 8

LA IGLESIA NO DEBE ADAPTARSE

Un estimulante librito escrito por un observador reflexivo de la escena religiosa intenta explicar las sectas y denominaciones cristianas como reflejos de las condiciones sociales de las que surgieron.

La idea es, si entiendo correctamente los argumentos del autor, que las diferencias en doctrina y en formas de gobierno eclesiástico entre varios cuerpos cristianos han resultado de diversos patrones económicos, políticos, raciales y culturales en toda la cristiandad.

Según esta teoría, un Estado democrático tendería a producir una iglesia democrática, mientras que bajo una dictadura política la forma autoritaria gubernamental prevalecería naturalmente dentro de la comunidad cristiana. En una sociedad altamente culta, el ritualismo marcaría el culto de la iglesia junto con un simbolismo y formas de belleza externa muy ricos.

No estoy preparado para decir si esto se ajusta a un hecho histórico, aunque mi limitado conocimiento de la historia me llevaría a creer que esta explicación es probablemente una adaptación de los hechos a la teoría y —aun cuando sea parcialmente cierta— no relata la historia completa. Una cosa es segura, sin embargo; y es que dondequiera que la religión cristiana difiera de sí misma seguramente se encontrarán elementos que no son bíblicos y carecen por completo de autoridad escritural, y son siempre esos elementos los que dividen a la iglesia contra sí misma.

En cualquier idioma en que aparezcan, las Escrituras continúan —siglo tras siglo— diciendo lo mismo a todos. El Espíritu que inspiró la revelación cristiana nunca difiere de Él mismo, sino que permanece igual de época en época. Dios obra de acuerdo con un propósito eterno que se propuso en Cristo Jesús antes de que el mundo comenzara, y nuestro Señor nos asegura que "hasta que pasen el cielo y la tierra, ni una jota ni una tilde pasará de la ley, hasta que todo se haya cumplido". La verdad de Dios es la misma dondequiera que se encuentre y si la iglesia se ajusta a la verdad, será la misma iglesia en doctrina y en práctica en todo el mundo.

En la religión cristiana hay tres elementos principales: la vida espiritual, la práctica moral y la organización comunitaria, todos los cuales surgen de la doctrina del Nuevo Testamento y siguen la misma; o más correctamente, los primeros deben y los demás también. La vida es y debe ser necesariamente lo primero. La vida llega misteriosamente al alma que cree en la verdad. "El que oye mi palabra y cree en el que me envió, tiene vida eterna, y no vendrá a condenación; sino que pasó de muerte a vida" (Juan 5:24). Y además:

> El que cree en mí, como dice la Escritura, de su interior correrán ríos de agua viva. (Pero esto hablaba del Espíritu que habían de recibir los que creyeran en él; porque el Espíritu Santo aún no había sido dado, porque Jesús aún no había sido glorificado). (Juan 7:38-39)

El mensaje de la cruz ofrece vida eterna y la bienaventuranza del Espíritu Santo que habita en el alma. Eso es lo que distingue al cristianismo de cualquier otra religión; y es significativo que estas marcas distintivas sean de tal naturaleza que estén totalmente fuera del alcance del hombre. Son totalmente misteriosas y divinas, y no se ven afectadas por la raza, la política, la economía ni la educación. La vida de Dios en el alma de un hombre es totalmente independiente del estatus social de ese individuo. En la iglesia primitiva, el Espíritu traspasó todas las líneas artificiales que separan a los hombres entre sí e hizo de todos los creyentes una hermandad espiritual. Judíos y gentiles, ricos y pobres, griegos y bárbaros fueron todos bautizados en un solo cuerpo, del cual Cristo era y es la Cabeza.

Junto con el don de la vida eterna, la entrada del Espíritu Santo en el corazón del creyente y la incorporación del alma recién nacida al Cuerpo de Cristo viene la obligación instantánea de obedecer las enseñanzas del Nuevo Testamento. Estas enseñanzas son tan claras y tan detalladas que es difícil entender cómo podrían parecer diferentes para personas que viven bajo distintos sistemas políticos o en diversos niveles culturales. No se puede negar que así han aparecido; pero siempre las razones residen en el estado imperfecto de los creyentes que componen los diferentes grupos. Permitieron la incorporación no autorizada de materia extrabíblica a sus creencias y, como consecuencia, sufrieron debilidad y agotamiento espiritual.

Sin duda, los grupos cristianos han sido influenciados en sus prácticas morales por la sociedad en la que viven, pero deberíamos verlo tal como es y no tratar de explicarlo. "Por tanto, cualquiera que quebrante uno de estos mandamientos más pequeños, y así enseñe a los hombres, muy pequeño será llamado en el reino de los cielos" (Mateo 5:19).

Que nosotros los cristianos modifiquemos las enseñanzas morales de Cristo a nuestra conveniencia para evitar el estigma de ser considerados diferentes es una prueba de nuestro retroceso, y la vergüenza que ello genera no desaparecerá hasta que nos hayamos arrepentido y hayamos puesto nuestras vidas completamente bajo la disciplina de Cristo.

El tercer elemento de la religión cristiana, el sistema de gobierno de la iglesia o la organización política de la comunidad religiosa en el culto y el servicio, está sujeto a las presiones e influencias de la sociedad en mayor grado que los otros dos. Un ejemplo moderno de esto es el Ejército de Salvación, que es a todos los efectos una denominación cristiana que imita a los militares en su organización y nomenclatura. Se pueden encontrar otros ejemplos en las denominaciones históricas que a menudo han seguido bastante de cerca la organización del Estado. Que algunos puedan negar esto y citar las Escrituras para justificar su patrón organizativo no invalida mi afirmación.

El cristianismo varía de un lugar a otro y de vez en cuando, ya que se deja influenciar por factores políticos, económicos, raciales o culturales. Sin duda, ni yo —que escribo esto— ni usted —que lo lee— podemos decir que hemos escapado por completo al poder moldeador de la sociedad. Como cristianos somos algo diferentes de lo que habríamos sido si hubiéramos vivido en un período diferente de la historia.

Creo que hacemos bien en admitirlo, pero no deberíamos aceptarlo como algo normal; y ciertamente no deberíamos permitir que sea inevitable que el mundo siga moldeándonos. Pablo dijo: "No se amolden al mundo actual, sino sean transformados mediante la renovación de su mente" (Romanos 12:2). Que en cierta medida nos hayamos conformado al mundo es una prueba de nuestra debilidad. Debemos comenzar de inmediato a corregir las cosas. Por la consagración, el desapego, la obediencia y la oración incesante debemos escapar de las garras del mundo.

El cristianismo puro, en vez de estar moldeado por su entorno, en realidad se opone firmemente a él, y donde el poder de Dios ha estado presente durante un período sostenido, la iglesia a veces ha invertido la dirección de las cosas y ha ejercido un efecto purificador sobre la sociedad.

CAPÍTULO 9

LAS DIVISIONES NO SIEMPRE SON MALAS

Cuándo unir y cuándo dividir, he ahí la cuestión, y una respuesta correcta siempre requiere la sabiduría de un Salomón.

Algunos resuelven el asunto mediante una regla empírica: toda unión es buena y toda división es mala. Es fácil. Pero, obviamente, esta forma sencilla de abordarlo ignora las lecciones de la historia y pasa por alto algunas de las profundas leyes espirituales según las cuales viven los hombres.

Si los individuos buenos estuvieran todos por la unión y los malos por la división, o viceversa, eso nos simplificaría las cosas. O si se pudiera demostrar que Dios siempre une y el diablo siempre divide, sería fácil orientarse en este mundo confuso e impreciso. Pero las cosas no son así.

Dividir lo que debería estar dividido y unir lo que debería estar unido es parte de la sabiduría. La unión de elementos disímiles nunca es buena, ni siquiera cuando es posible, ni la división arbitraria de elementos semejantes; y esto es tan cierto tanto en lo moral y religioso como en lo político o científico.

El primer divisor fue Dios que, en la creación, dividió la luz de las tinieblas. Esa división marcó la dirección de todos los tratos de Dios con la naturaleza y la gracia. La luz y la oscuridad son incompatibles; intentar tener a ambos en el mismo lugar —a la vez— es tratar con lo imposible y terminar por no tener ni lo uno ni lo otro, sino más bien oscuridad y penumbra.

En el mundo de los hombres, actualmente, apenas hay límites claros. La raza humana cayó. El pecado ha traído confusión. El trigo crece con la cizaña, las ovejas y las cabras conviven, las granjas de los justos y los injustos se encuentran una al lado de la otra en el campo, la iglesia está al lado de la discoteca.

Sin embargo, las cosas no siempre serán así. Se acerca la hora en que las ovejas serán separadas de las cabras y la cizaña del trigo. Dios volverá a separar la luz de las tinieblas y todas las cosas andarán según su especie. La cizaña irá al fuego con la cizaña y el trigo al granero con el trigo. La oscuridad se disipará como la niebla y aparecerán todos los contornos. Se verá que el infierno es infierno en todo momento, y el cielo se revelará como el único hogar de todos los que llevan la naturaleza del único Dios.

Esperamos ese momento con paciencia. Mientras tanto, para cada uno de nosotros, y para la Iglesia dondequiera que aparezca en la sociedad humana, la pregunta constantemente recurrente debe ser: ¿Con qué nos uniremos y de qué nos separaremos? La cuestión de la convivencia no entra aquí, pero sí la de la unión y el compañerismo. El trigo crece en el mismo campo que la cizaña, pero ¿se polinizarán los dos de forma cruzada? Las ovejas pastan cerca de las cabras, pero ¿intentarán cruzarse? Los injustos y los justos disfrutan de la misma lluvia y el mismo sol, pero ¿olvidarán sus profundas diferencias morales y se casarán entre sí?

A estas preguntas la respuesta popular es sí. La unión por la unión; los hombres serán hermanos para eso. La unidad es tan deseable que ningún precio es demasiado alto para pagarla y nada es lo suficientemente importante como para mantenernos separados. La verdad es exterminada para brindar una fiesta que celebra el matrimonio del cielo y el infierno, y todo para apoyar un concepto de unidad que no tiene base en la Palabra de Dios.

La iglesia iluminada por el Espíritu no aceptará nada de eso. En un mundo caído como el nuestro, la unidad no es un tesoro que se pueda comprar al precio de un compromiso tan serio. La lealtad a Dios, la fidelidad a la verdad y la preservación de una buena conciencia son joyas más preciosas que el oro de Ofir o los mejores diamantes. Por esas joyas los hombres han sufrido la pérdida de propiedades, el encarcelamiento y hasta la muerte; para ellos, incluso en tiempos recientes, en escenarios diversos, los seguidores de Cristo han pagado la última medida plena de devoción y han muerto silenciosamente, desconocidos y anónimos ante el mundo, pero conocidos por Dios y queridos por el corazón de su Padre. En el día que se declaren los secretos de todas las almas, estas saldrán a recibir las obras realizadas en vida. Seguramente filósofos como los de hoy son más sabios que los seguidores religiosos que apuestan por una unidad sin sentido; hombres que carecen del coraje para oponerse a las modas actuales y que claman por la hermandad solo porque resulta que —por el momento— es algo popular y conveniente.

"Divide y vencerás" es el cínico lema de los líderes políticos inspirados por Maquiavelo, pero Satanás también sabe cómo *unir* y conquistar. Para poner de rodillas a una nación, el aspirante a dictador debe unirla. Con repetidos llamamientos al orgullo nacional o a la necesidad de vengar algún daño pasado o presente, el demagogo logra unir a la población detrás de él. Después de eso, es fácil tomar el control de los militares y someter a la legislatura. Luego sigue una unidad casi perfecta, pero es la unidad de los corrales y del campo de concentración. Hemos visto suceder eso varias veces en este siglo y el mundo lo verá al menos una vez más cuando las naciones de la tierra estén unidas bajo el Anticristo.

Cuando las ovejas confundidas caen por un precipicio, la oveja individual solo puede salvarse separándose del rebaño. La unidad perfecta en un momento así solo puede significar la destrucción absoluta para todos. La oveja sabia, para salvar su propio pellejo, se separa.

El poder reside en la unión de las cosas semejantes y en la división de las cosas disímiles. Quizás lo que necesitamos hoy en los círculos religiosos no es más unión sino una división sabia y valiente. Todo el mundo desea la paz, pero podría ser que el avivamiento aparezca después del imperio de la espada destructora.

CAPÍTULO 10

LAS DIVISIONES ARTIFICIALES SON DAÑINAS

En el capítulo anterior señalé la utilidad de la división en ciertas situaciones. Pero quiero profundizar más en el tema.

Siento que los evangélicos estamos cometiendo dos errores graves. Uno es insistir en la unión donde no debería haberla y el otro está creando divisiones artificialmente donde no hay justificación para ellas.

Un hecho bendito que debemos tener siempre presente es la unidad orgánica de todos los verdaderos creyentes en Cristo. Por muy mal instruidos que sean los hijos de Dios sobre este tema y por muy separados que estén por barreras artificiales, todos son miembros de Cristo. Así como las manos, los pies, los ojos y los oídos son partes del cuerpo humano, todos los creyentes son parte del cuerpo de Cristo. La unidad en él no es algo que se deba lograr; es algo que hay que reconocer. Creo que Pablo dejó esto suficientemente claro en su Primera Carta a los Corintios, capítulo 12 y Efesios 4.

La iglesia de Jerusalén pensaba que la unidad de los creyentes era un hecho manifiesto. "Todos los creyentes estaban juntos y tenían todo en común" (Hechos 2:44). Esto describe muy bien la primera actitud ingenua de aquellos primeros cristianos. Pablo, en sus epístolas, expuso la explicación teológica de esa unidad, pero el hecho precedió a esa elucidación por algunos años. Al escribir a los efesios, el apóstol no los exhortó a buscar la unidad; les dijo más bien que trataran de guardar la unidad del Espíritu en el vínculo de la paz *porque* hay un cuerpo, un Espíritu, una esperanza, un Señor, una fe, un bautismo y un Dios Padre de todos. Los hijos de Dios deben actuar como hermanos porque *son* eso: hermanos; no para que lleguen a ser hermanos.

Ahora bien, por la misma razón de que la iglesia es un solo cuerpo, cualquier cosa que tienda a introducir división es un mal, por inofensivo o incluso útil que parezca ser. Sin embargo, la iglesia evangélica promedio está dividida en fragmentos que viven y trabajan separados y, a veces, hasta en franca oposición. En algunas congregaciones, simplemente, no hay tiempo ni espacio para la adoración y el servicio de todos los miembros unidos. Esas iglesias están organizadas para que la unidad sea imposible de alcanzar.

Cualquier creencia o práctica que haga que los miembros de una iglesia local se separen en grupos, por cualquier pretexto, es un mal. Al principio puede parecer necesario formar tales grupos y puede resultar bastante fácil mostrar cuántas ventajas prácticas se derivan de esas divisiones; pero pronto el espíritu de separación entra —de forma inconsciente— en la mente de las personas involucradas y crece al punto que se endurece hasta que les resulta imposible pensar que pertenecen a toda la iglesia. Puede que todos y cada uno de ellos sostengan la *doctrina* de la unidad, pero el daño ya está hecho; ellos *piensan* y se *sienten* separados.

Un punto en el que el mal se manifiesta es en la práctica de dividir la iglesia en grupos de edades. Hasta donde puedo descubrir, ni los adoradores hebreos de los tiempos del Antiguo Testamento ni la iglesia del Nuevo Testamento se dividieron jamás en grupos etarios para adorar al Señor. La práctica parece haber llegado con la moda moderna de glorificar a la juventud y degradar la edad como algo un poco vergonzoso. Y eso, dicho sea de paso, siguió a la rebelión de los chicos del último medio siglo, rebelión que fue prevista por el apóstol Pablo hace dos mil años.

Esta división entre edades ha llegado tan lejos en algunas iglesias que los adultos y los jóvenes se miran unos a otros desde diferentes perspectivas eclesiásticas, por lo que no pueden tener comunión espiritual alguna. Si todos son verdaderos cristianos, la unidad básica no ha sido destruida; pero sí el espíritu de unidad, lo que da como resultado que el Señor se entristece y la iglesia se debilita. Sin embargo, gran parte de la educación religiosa actual contribuye e incita a la división.

Otra cosa dañina es la división de los cristianos en grupos que se cristalizan en torno a sus profesiones seculares. Los llamados gremios cristianos, establecidos en base a ocupaciones, oficios y profesiones, no pueden dejar de ser profundamente perjudiciales cuando aparecen dentro de una congregación. Cuando se forman organizaciones fuera de la iglesia local para proporcionar un centro de compañerismo dentro de uno u otro campo secular, como grupos de estudiantes en universidades o grupos para la promoción del compañerismo cristiano y el testimonio en los servicios militares, estas cumplen una función útil dentro de nuestra sociedad casi cristiana. Tienden a unificar, no dividir, a los cristianos, por lo que no son objeto de censura.

Más profunda y de mayor alcance en sus efectos es la antigua práctica de dividir a los cristianos de cualquier comunión en dos clases, llamadas respectivamente laicos y clérigos. Esto surge de una verdad parcial y por eso es extremadamente difícil de corregir.

Es cierto que Dios ha ordenado que algunos en la iglesia sean apóstoles, otros profetas, aun otros evangelistas, algunos pastores y otros más maestros, y además les ha investido de cierta autoridad limitada en la congregación de los santos; pero la noción de que constituyen una clase superior o privilegiada es totalmente errónea. No es así, pero el ejercicio de sus propios oficios dentro de la iglesia fácilmente lleva a la idea de que sí lo es, lo cual genera división.

He identificado aquí solo tres divisiones artificiales; el lector atento no tendrá dificultad en continuar su propio examen de los daños causados por las divisiones arbitrarias dentro de la iglesia.

CAPÍTULO 11

LA RESPONSABILIDAD DEL LIDERAZGO

L a historia de Israel y Judá muestra una verdad enseñada con bastante claridad por *toda* la historia, a saber, que las masas son —o pronto serán— lo que son sus líderes. Los reyes marcaban el ritmo moral del pueblo.

El pueblo nunca es capaz de actuar en masa. Sin un líder, no tiene cabeza y —un cuerpo sin cabeza— no tiene poder. Alguien debe liderar siempre. Aun una turba dedicada al saqueo y al crimen no es tan desorganizada como parece. En algún punto, tras toda esa violencia, hay un líder cuyas ideas —simplemente— se están poniendo en práctica.

Israel se rebeló varias veces contra sus líderes, es cierto, pero las rebeliones no fueron espontáneas. La gente simplemente cambiaba de líder y lo seguía. La cuestión es que siempre tenían que contar con un líder.

Cualquiera que fuera la clase de hombre que resultara ser el rey, el pueblo seguía su liderazgo. Ellos siguieron a David en cuanto a la adoración a Jehová; siguieron a Salomón en la construcción del templo; a Jeroboam en la fabricación del becerro y a Ezequías en la restauración de la adoración en el templo.

No es un elogio para las masas que se dejen guiar tan fácilmente, pero no nos interesa alabar ni culpar; nos preocupa la verdad y lo cierto es que, para bien o para mal, las personas religiosas siguen a los líderes. Un buen hombre puede cambiar la estructura moral de toda una nación, al igual que un clero corrupto o mundano puede llevarla a la esclavitud. El proverbio "De tal sacerdote, tal pueblo", resume en cinco palabras una verdad enseñada claramente en las Escrituras y demostrada una vez tras otra en la historia religiosa.

El cristianismo de hoy, en el mundo occidental, es lo que fueron sus líderes en el pasado reciente y se está convirtiendo en lo que son sus líderes actuales. La iglesia pronto se vuelve como su pastor; esto es cierto incluso para aquellos grupos que no creen en los pastores. No es difícil identificar al verdadero pastor de tal grupo; este suele ser quien puede presentar el argumento más fuerte en contra de que cualquier iglesia tenga un pastor. El líder de un grupo local que logra influir en el rebaño mediante la enseñanza bíblica o frecuentes discursos improvisados en las reuniones públicas es el pastor, no importa cuán seriamente lo niegue.

La mala condición de las iglesias hoy en día puede atribuirse directamente a sus líderes. Cuando los miembros de una iglesia se alzan —como sucede a veces— y destituyen a su pastor por predicar la verdad, aún están siguiendo a un líder. Tras ese acto seguramente se encontrará un diácono o un anciano carnal (y a menudo dispuesto) que usurpa el derecho de determinar quién será el pastor y qué dirá dos veces cada domingo. En tales casos, el pastor no puede guiar al rebaño. Simplemente trabaja para el líder; una situación verdaderamente lamentable.

Varios factores contribuyen al mal liderazgo espiritual. A continuación tenemos algunos:

1. *El miedo*. El deseo de ser querido y admirado es fuerte incluso entre los ministros eclesiales, por lo que —en vez de arriesgarse a la desaprobación pública—, el pastor se siente tentado simplemente a sentarse y sonreír de manera condescendiente a la gente. "Temer a los hombres resulta una trampa" (Proverbios 29:25), dice el Espíritu Santo, y en ningún lugar más que en el ministerio.

2. *La situación económica*. El ministerio protestante es notoriamente mal pagado y la familia del pastor suele ser numerosa. Estos dos hechos unidos presentan una situación ideal para atraer problemas y tentaciones al hombre de Dios. Es bien conocida la

capacidad de la congregación para cortar el flujo de dinero a la iglesia cuando el hombre del púlpito toca temas sensibles. El pastor promedio vive año tras año con dificultades para cumplir con sus obligaciones económicas. De tal forma que brindar un liderazgo vigoroso a la iglesia es, a menudo, casi imposible de lograr; por lo que ese liderazgo se estanca. Pero lo malo es que el liderazgo que se estanca es, en realidad, una especie de liderazgo fallido. El pastor que no lleva a su rebaño a la ladera de la montaña, lo conduce hacia abajo, aunque no se dé cuenta de ello.

3. *La ambición.* Cuando Cristo no es todo para el ministro, este se siente tentado a buscar una posición para sí mismo. Es posible que se percate de que agradar a las multitudes es una manera comprobada de prosperar en los círculos de la iglesia. Por eso, en vez de guiar a su pueblo a donde debería ir, lo conduce hábilmente a donde sabe que el pueblo quiere ir. De esa manera da la apariencia de que es un líder valiente, pero evita ofender a alguien, y así asegura el ascenso jerárquico cuando la gran iglesia o el alto cargo estén dispuestos.

4. *El orgullo intelectual.* En la actualidad, por desdicha, en los círculos religiosos se ha desarrollado un culto a la intelectualidad que —en mi opinión— no es más que una falsa obsesión por los títulos académicos. Tal cual fue el movimiento *beatnik* en la década de los cincuenta, que —a pesar de sus ruidosas protestas de individualismo—, era en realidad una de las expresiones conformistas más serviles que han surgido en la sociedad en pro de un libertinaje desenfrenado y contra las normas sociales convencionales. Como lo es ahora el llamado cuidado por lo "políticamente correcto" —que promueve la falsa "inclusión"—, por lo que cualquier predicador intelectual —en cualquier púlpito— tiembla para que no lo perciban como culpable de decir algo ofensivo o discriminatorio. La gente espera que pastores de esa estirpe los guíen a verdes pastos, pero lo que esos falsos predicadores hacen es guiarlos en círculos deambulando por un auténtico desierto espiritual.

5. *Ausencia de verdadera experiencia espiritual.* Nadie puede llevar a otro más lejos de lo que él mismo ha llegado. Para

muchos ministros, esto explica su falta de liderazgo. Simplemente no saben adónde ir.

6. *Preparación inadecuada*. Las iglesias están repletas de aficionados religiosos culturalmente incapaces para ministrar en el altar y la consecuencia es que la gente sufre. Están descarriados y no se dan cuenta.

Las recompensas del liderazgo piadoso son tan grandes y las responsabilidades del líder tan exigentes que nadie puede darse el lujo de tomar ese asunto a la ligera.

CAPÍTULO 12

EL CAMINO DE CRISTO SIGUE SIENDO ESTRECHO

Los que seguimos a Cristo en estos tiempos peligrosos estamos inmersos en una guerra que tiene muchos frentes. La acción disminuye en un sector para estallar en otro, o en dos, o en otros diez. El enemigo está en todas partes, asume muchas formas y adopta en cada momento la que mejor sirve a sus malvados propósitos, por lo que a menudo se le confunde con un amigo.

Los soldados, tradicionalmente, han llevado con orgullo el uniforme de su país; por lo que podían ser identificados hasta donde alcanzaba la vista. En la Segunda Guerra Mundial, los nazis solían usar los uniformes de los soldados aliados; con lo que lograron destruir a algunos que —de otro modo— habrían estado a la defensiva contra ellos. Pero ese truco no fue una invención nazi. Se remonta a aquella hora en que el diablo, aparentando ser un amigo, se ganó la confianza de la madre Eva y provocó la caída de la raza.

El engaño siempre ha sido un arma eficaz y es más mortífero cuando se utiliza en el campo de la fe. Nuestro Señor advirtió contra ello cuando dijo: "Cuídense de los falsos profetas. Vienen a ustedes disfrazados de ovejas, pero por dentro son lobos feroces" (Mateo 7:15). Estas palabras se han convertido en un refrán muy conocido en todo el mundo y aun así seguimos siendo engañados por los lobos.

Hubo un tiempo, no hace tanto, en el que el cristiano sabía —o al menos podía saber con certeza— cuál era su posición en la fe. Las palabras de Cristo se tomaban muy en serio. Cualquier convertido podía profesar que era o no creyente en la doctrina del Nuevo Testamento. Existían categorías claras y definidas. Lo negro contrastaba marcadamente con lo blanco; la luz estaba separada de las tinieblas; era posible distinguir el bien del mal, la verdad del error, a un verdadero creyente de un incrédulo. Los cristianos sabían que debían abandonar el mundo y, en su mayor parte, había un notable acuerdo sobre lo que se entendía por "mundo". Era así de simple.

Sin embargo, en los últimos años se ha producido una revolución silenciosa. Todo el panorama cristiano ha cambiado. Sin negar una sola doctrina de la fe, multitudes de creyentes han abandonado sus creencias y están tan extraviados como los ateos, que fueron al menos lo suficientemente sinceros como para repudiar todo lo referente a Dios y vivir en consecuencia. Muchos de nuestros predicadores y maestros más conocidos han desarrollado el arte del ventrílocuo, de tal modo que pueden hacer que sus voces provengan de cualquier dirección.

Han abandonado las categorías tradicionales del pensamiento cristiano. Para ellos no hay blanco ni negro, solo hay gris. Cualquiera que afirme haber "aceptado a Cristo" es admitido de inmediato en la comunión de los creyentes y en la gloriosa compañía de los profetas y los apóstoles, sin importar la mundanalidad que practiquen ni la vaguedad de sus creencias doctrinales.

He escuchado a ciertos predicadores en los que he reconocido los ingredientes que componen sus enseñanzas. Un poco de Freud, una pizca de Platón, mucho humanismo diluido, tiernos trozos de trascendentalismo darwiniano, autosugestión al estilo Dale Carnegie, mucha autoayuda, esperanza y sentimentalismo religioso, pero nada concreto, agudo y específico acerca de la verdadera fe cristiana. Nada de lo que afirmó Cristo, Pedro o Pablo. Ninguna pregunta como la que expuso Moisés: "¿Quién está de parte del Señor?" (Éxodo 32:26), o como lo que planteó Josué: "Elijan ustedes mismos a quiénes van a servir" (Josué 24:15); simplemente una tierna súplica que ruega: "Acepte a Jesús y deje que él resuelva sus problemas".

Si los que describo aquí fueran sectarios o liberales de un tipo u otro, no diría nada más al respecto; pero muchos de ellos son creyentes evangélicos profesos. Presiónelos e insistirán en que crean las Escrituras y acepten cada principio de la fe cristiana histórica, pero escúchelos enseñar y usted se quedará con la duda. Están construyendo sobre arena; la roca de la sana teología no está debajo de ellos.

En los tiempos en que estamos, está muy bien difundida —entre las filas del *evangelicalismo* actual— la idea de que el amor es realmente lo único que importa y, por tal razón, debemos recibir a todo aquel cuya intención sea correcta, independientemente de su posición doctrinal, siempre y cuando —por supuesto— esté dispuesto a leer el Escrituras, confía en Jesús y ora. Las simpatías no regeneradas del corazón humano caído adoptan con entusiasmo este vago credo. El problema es que las Sagradas Escrituras no enseñan nada parecido.

El apóstol Pablo advirtió contra lo que llamó "discusiones profanas e inútiles" (2 Timoteo 2:14), como por ejemplo la de Himeneo y Fileto, afirmando que sus palabras devorarían como la gangrena y derribarían la fe de algunos. ¿Y cuál fue su error? Simplemente que enseñaban que la resurrección ya había ocurrido, por lo que los creyentes ya habían resucitado.

"Si un hombre tiene la intención de adelantarse a otros pecadores y estar en el infierno antes que ellos", dijo un viejo teólogo, "no necesita más que exponer sus velas a los vientos de las doctrinas heréticas, y es probable que haga un corto viaje al infierno; ya que estas traen una rápida destrucción sobre quienes las practican". Esto es más parecido a la opinión de Pablo que a la de los nuevos evangélicos. El camino de la cruz todavía sigue siendo estrecho.

CAPÍTULO 13

LAS MEJORES COSAS SON DIFÍCILES DE CONSEGUIR

En este retorcido mundo actual, las cosas más importantes suelen ser las más difíciles de aprender; y, en sentido contrario, las que nos resultan más fáciles suelen tener poco valor real para nosotros a largo plazo.

Esto se ve con claridad en la vida cristiana, en la que sucede muchas veces que las cosas que aprendemos a hacer con menos dificultad son las actividades superficiales y menos importantes; por ello, los ejercicios realmente vitales tienden a evitarse por su dificultad.

Eso se ve aún más nítidamente en la diversidad de formas de nuestro servicio cristiano, sobre todo en el ministerio. En ese campo, las actividades más difíciles son las que producen mayor fruto, y los servicios menos fructíferos se realizan con el menor esfuerzo. Esto constituye una trampa en la que el ministro sabio no caerá, o si descubre que ya está atrapado en ella, asaltará cielo y tierra en su decidida lucha por escapar.

Orar con éxito es la primera lección que el predicador debe aprender, si quiere exponer el mensaje de manera fructífera. Sin embargo, la oración es lo más difícil que jamás se le pedirá que haga y, como humano, es el único acto que se verá tentado a realizar con menos frecuencia que cualquier otro. Así que debe comprometerse a triunfar mediante la oración, lo que significa que primero debe vencer su propia naturaleza carnal, ya que es la carne la que siempre entorpece la oración.

Casi cualquier cosa asociada con el ministerio se puede aprender con cierto nivel razonable de aplicación inteligente. No es nada difícil predicar o administrar los asuntos de la iglesia o hacer una visita social; las bodas y los funerales se pueden llevar a cabo sin problemas con un poco de ayuda del *Manual de Urbanidad y Buenas Maneras* —mejor conocido como el *Manual de Carreño*— y el *Manual del Ministro*. La elaboración de sermones se puede aprender tan fácilmente como la confección de zapatos: introducción, conclusión y todo. Y lo mismo ocurre con toda la obra del ministerio tal como se efectúa en la iglesia promedio de hoy.

La oración... sin embargo, es otro asunto. En ese escenario, el señor Carreño está indefenso y el *Manual del Ministro* no puede ofrecer ninguna ayuda. Allí el solitario hombre de Dios debe luchar solo, a veces con ayunos, lágrimas y cansancio indecible. Allí cada hombre debe ser original, porque la verdadera oración no se puede imitar ni aprender de alguien más. Cada uno debe orar como si solo él pudiera orar, y su enfoque debe ser individual y autónomo; independiente, es decir, de todos menos del Espíritu Santo.

Thomas à Kempis afirma que el hombre de Dios debería estar más a gusto en su cámara de oración que ante el público. No es exagerado decir que el predicador al que le encanta estar ante una audiencia, está difícilmente preparado en lo espiritual para presentarse ante su auditorio. La oración correcta fácilmente puede hacer que un hombre dude en presentarse ante un público. El hombre que realmente se siente cómodo en la presencia de Dios se encontrará atrapado en una especie de contradicción interna. Es probable que sienta su responsabilidad tan profundamente que preferiría hacer casi cualquier cosa que enfrentarse a una audiencia; y, sin embargo, la presión sobre su espíritu puede ser tan grande que ni unos caballos salvajes podrían arrancarlo de su púlpito.

Ningún hombre debe presentarse ante una audiencia si primero no lo ha hecho ante Dios. Muchas horas de comunión deben preceder a una sola hora en el púlpito. El altar privado de la oración debería ser más familiar que la plataforma pública. La oración debe ser constante, aunque la predicación sea ocasional.

Es significativo que los seminarios e instituciones educativas cristianas enseñen todo sobre la predicación, excepto la parte más importante: la oración. Por esta debilidad no se debe culpar a las instituciones educativas, debido a que la oración no se puede enseñar; solo se puede practicar. Lo mejor que puede hacer cualquier escuela o cualquier libro (o cualquier artículo) es recomendar la oración y exhortar a su práctica. La oración misma debe ser obra del individuo. El hecho de que sea la única obra religiosa que se hace con el menor entusiasmo no puede dejar de ser una de las tragedias de nuestros tiempos.

CAPÍTULO 14

LA ORACIÓN SINCERA

El santo David M'Intyre, en su radiante libro *La vida oculta de la oración*, trata con franqueza —aunque también con brevedad—, un elemento vital de la verdadera oración que en nuestra superflua era probablemente se pase por alto.

Nos referimos simplemente a la honestidad.

"El trato honesto nos conviene", dice M'Intyre, "cuando nos arrodillamos ante su pura presencia".

"Cuando nos dirigimos a Dios", continúa,

> "nos gusta hablar de él como pensamos que deberíamos hacerlo, por lo que hay ocasiones en que nuestras palabras superan con creces nuestros sentimientos. Sin embargo, ante él, lo mejor es que seamos perfectamente francos. Él nos permitirá decir cualquier cosa que deseemos, siempre que sea dirigida a él. "Digo a Dios, a mi roca", exclama el salmista, "¿por qué me has olvidado?". Si él hubiera dicho: "Señor, no puedes olvidar. Has grabado mi nombre en las palmas de tus manos", habría hablado con más dignidad aunque con menos sinceridad.
>
> En una ocasión, Jeremías interpretó mal a Dios. Lloró como enojado: "Oh Señor, me engañaste y fui engañado". Estas son palabras terribles para pronunciar

ante aquel que es la verdad inmutable. Pero el profeta
habló como se sentía y el Señor no solo lo perdonó,
sino que lo encontró allí y lo bendijo.

Hasta aquí con M'Intyre. Otro escritor espiritual de inusual
penetración aconseja franqueza en la oración, hasta un punto en
que podría parecer francamente tosco. "Cuando vaya a orar",
afirma, "y descubra que no le gusta, dígaselo a Dios sin pelos en
la lengua. Si Dios y las cosas espirituales le aburren, admítalo con
franqueza". Este consejo sorprenderá a algunos santos delicados
pero, de todos modos, es completamente sensato. Dios ama al
alma inocente aun cuando en su ignorancia es realmente culpable
de imprudencia al orar. El Señor podrá curar su ignorancia, pero
no se conoce cura para la falta de sinceridad.

Es difícil deshacerse de la artificialidad básica de los seres
humanos civilizados. Ella se mete en nuestra sangre y condiciona
nuestros pensamientos, actitudes y relaciones mucho más severa-
mente de lo que imaginamos. En los últimos años han aparecido
libros sobre relaciones humanas cuyas filosofías subyacentes son
el engaño y cuyas técnicas recomendadas son el uso hábil de la
adulación para lograr los fines deseados. Han tenido unas ventas
asombrosas, llegando incluso a millones. Por supuesto, la popularidad de esas obras puede explicarse por el hecho de que dicen
lo que la gente quiere oír.

El deseo de causar una buena impresión se ha convertido en
uno de los factores más poderosos que determinan la conducta
humana. Ese lubricante social amable (y bíblico) llamado cortesía
ha degenerado en nuestros tiempos en una etiqueta completamente falsa y engañosa que esconde al verdadero hombre bajo una
superficie reluciente tan delgada como la mancha de petróleo en
un estanque tranquilo. La única vez que algunas personas exponen
su verdadero yo es cuando se enojan.

Dado que esta cortesía pervertida determina casi todo lo que
los hombres dicen y hacen en la sociedad, no es sorprendente que
sea difícil ser completamente honesto en nuestras relaciones con
Dios. Eso se transmite como una especie de reflejo mental y está

presente aunque no nos demos cuenta. Sin embargo, es extremadamente odioso para Dios. Cristo detestó eso y lo condenó sin piedad cuando lo observó entre los fariseos. El niño ingenuo sigue siendo el modelo divino para todos nosotros. La oración aumentará en poder y realidad a medida que repudiemos toda pretensión y aprendamos a ser completamente honestos ante Dios y ante los hombres.

Un gran cristiano del pasado experimentó, de repente, una presencia llena de tal resplandor y triunfo que suscitó asombro entre sus amigos. Alguien le preguntó qué le había pasado. Él respondió simplemente que su nueva vida de poder comenzó un día en que entró en la presencia de Dios e hizo un solemne voto de nunca más decirle a Dios en oración nada que no fuera su intención. Su transformación comenzó con ese voto y continuó mientras lo mantuvo.

Podemos aprender algo de ello, si estamos dispuestos a hacerlo.

CAPÍTULO 15

LA ERA DE UN DIOS AUSENTE

"**H**ay muchos que tienen gran conocimiento y poca virtud", dijo el santo ciego Malaval, "y que a menudo hablan de Dios, pero rara vez hablan con él".

Estas palabras fueron escritas hace mucho tiempo. No puedo aseverar si eran ciertas en cuanto a los cristianos en la época de Malaval; solo tenemos su declaración al respecto. Pero puedo testificar que describen a un gran número de cristianos en la actualidad.

La Biblia enseña con claridad la doctrina de la omnipresencia divina pero, para las masas de cristianos profesos, esta es la era del Dios ausente. La mayoría de los cristianos hablan de Dios en la forma normalmente reservada para un ser querido fallecido, rara vez se refieren a él como a una persona presente, además de que no le hablan a menudo.

Puesto que los errores no son igualmente dañinos, supongo que es mejor pensar que Dios existe en alguna región remota de un universo solitario que no pensar en él en absoluto o, peor aún, negar rotundamente que exista un ser llamado Dios. Pero la verdad siempre es mejor que el error y, con las Escrituras inspiradas ante nosotros, no necesitamos pensar erróneamente acerca de un tema tan decisivo como este. Podemos saber la verdad si lo deseamos.

Un Dios ausente es, entre otras cosas, inadecuado. No satisface las necesidades del ser llamado hombre. Tal como un bebé no está satisfecho sin su madre, y como la vida en la tierra es imposible sin el sol, así los seres humanos necesitan un Dios presente, por lo que no pueden estar sanos ni satisfechos sin él. Seguramente Dios no nos habría creado para que estuviéramos satisfechos con nada menos que su presencia si hubiera tenido la intención de que siguiéramos adelante con nada más que su ausencia. No. Las Escrituras y la razón moral coinciden en que Dios está presente.

Adán y su esposa se escondieron de la presencia del Señor entre los árboles del jardín. Su miedo y su disgusto superaron, por momentos, su necesidad consciente de Dios. El pecado nunca se siente cómodo en la Presencia divina. Jonás, en su decidida negativa a obedecer el mandato de Dios, se levantó para huir de la presencia del Señor a Tarsis. Pedro, con una repentina y aguda conciencia de culpabilidad, no trató de huir de la presencia del Señor, sino que le rogó que se alejara de él. Los hombres necesitan a Dios por encima de todo, pero se sienten incómodos en su presencia. Esta es la situación moral contradictoria a la que nos ha llevado el pecado.

Un ateo convencido es más sensato que un cristiano que intenta adorar a un Dios ausente. El ateo puede ignorar todos los preceptos morales y religiosos sin miedo porque cree que no hay ningún Dios que le pida cuentas. Su estado mental es el mismo que el de un ladrón que se ha convencido a sí mismo de que no hay policías, ni tribunales ni cárceles. Ambos pueden disfrutar de tranquilidad por un tiempo, hasta que la verdad los alcance.

La noción de que Dios existe, pero que está cómodamente lejos, no aparece en la declaración doctrinal de ninguna iglesia cristiana. Cualquiera que se atreva a admitir que profesa tal credo sería considerado hereje y evitado por creyentes respetables; pero nuestras acciones y sobre todo, nuestras declaraciones espontáneas, revelan nuestras verdaderas creencias mejor que cualquier credo convencional; y si hemos de juzgar por ellas, creo que difícilmente se puede negar que el cristiano promedio piensa en Dios como si se encontrara a la distancia mirando hacia otro lado.

Una ventaja que se obtiene al pensar que Dios está ausente es que podemos suponer que le complace cualquier cosa que intentemos hacer, siempre y cuando no sea absolutamente mala. No parece haber otro modo de explicar la gran cantidad de tonterías religiosas que se realizan en estos tiempos en el nombre del Señor. Personas ambiciosas, consumidas por el deseo de promover el reino, traman planes religiosos tan estúpidos que escapan por completo a toda credibilidad, ideas que nunca serían creídas por personas serias si no se exhibieran en cada ciudad, pueblo y aldea de todo el país.

Como los evangélicos, y los protestantes en general, no tienen un Papa que los mantenga a raya y dado que Dios está demasiado lejos para ser consultado, el único límite a nuestra locura religiosa moderna es la cantidad de personas que se mantendrá firme; y los indicios actuales son que aguantarán mucho, pero también pagarán por ello. Que el método y la manera divinos para evangelizar al mundo y realizar servicios públicos se exponen en las Sagradas Escrituras nunca parece pasarles por la mente a los ocupados planificadores a quienes un Dios ausente ha dejado encargados de sus asuntos mientras está fuera.

En el otro extremo del espectro están las iglesias convencionales. Creo que es la noción profundamente arraigada de que Dios está ausente lo que hace que muchos de nuestros servicios religiosos sean tan insoportablemente aburridos. Cuando los verdaderos creyentes se reúnen alrededor de un Cristo presente, es casi imposible tener una reunión aburrida. La predicación más monótona puede soportarse con alegría cuando la dulce fragancia de la presencia de Cristo llena el lugar. Pero nada puede salvar una reunión celebrada en nombre de un Dios ausente.

CAPÍTULO 16

EL PRAGMATISMO EN LA IGLESIA

No es casualidad que la filosofía del pragmatismo a principios del siglo pasado, alcanzara tanta popularidad en el mundo hasta estos tiempos. El temperamento de las personas era perfecto para ello y continúa siéndolo.

El pragmatismo tiene varias facetas y puede significar varias cosas para diversas personas, pero —en esencia— es la doctrina de la utilidad de la verdad. Para el pragmático no existen absolutos; nada es absolutamente bueno o absolutamente cierto. La verdad y la moralidad flotan en el mar de la experiencia humana. Si un nadador exhausto puede aferrarse a una creencia o a una ética, muy bien; eso puede mantenerlo a flote hasta que logre llegar a la orilla; pero luego le perturba, así que la desecha. No siente ninguna responsabilidad de valorar la verdad por sí misma. Está ahí para servirle; no está obligado a mantenerla.

La verdad es para usarla. Todo lo que es útil para el que lo usa es verdad, aunque para otra persona puede no serlo, por lo que no es verdad. La verdad de cualquier idea radica en su capacidad para producir resultados deseables. Si no puede mostrar tales resultados, es falsa. Esto es pragmatismo despojado de su jerga.

Ahora bien, dado que la practicidad es una característica marcada de las personas de hoy, naturalmente se inclinan con fuerza hacia la filosofía de la utilidad. Cualquier cosa que permita lograr resultados inmediatos con un máximo de eficiencia y un mínimo de efectos secundarios indeseables debe ser buena. La prueba es que tiene éxito; nadie va a discutir con el éxito.

Es inútil abogar por el alma humana, insistir en que lo que un hombre puede hacer es menos importante que lo que él es. Cuando hay guerras que ganar, bosques que talar, ríos que aprovechar, fábricas que construir, planetas que visitar, es probable que las demandas más silenciosas del espíritu humano pasen inadvertidas. El asombroso drama de los hechos exitosos deja al espectador sin aliento. Hechos que uno puede ver. Fábricas, ciudades, carreteras, cohetes… todo eso está, ahí a la vista, y surgieron a través de la aplicación práctica de los medios a los fines. Por tanto, ¿a quién le importan los ideales, el carácter y la moral? Esas cosas son para poetas, ancianas simpáticas y filósofos. Sigamos con el trabajo.

Ahora bien, todo esto se ha dicho y, más aún, se ha dicho mejor unas docenas de veces antes, por lo que no perdería espacio si no fuera porque esta filosofía del pragmatismo ha tenido y está ejerciendo una poderosa influencia sobre el cristianismo hoy en día. De modo que todo lo que tenga que ver con la fe de Cristo se convierte inmediatamente en un asunto de interés para mí y, espero, también para mis lectores.

La mayoría de las personas sufren de compulsión nerviosa por hacer todo lo que se les atraviese. Estamos afectados por una especie de tic religioso, una profunda necesidad interna de lograr algo que pueda ser visto, fotografiado y evaluado en términos de tamaño, números, velocidad y distancia. Viajamos una cantidad prodigiosa de kilómetros, hablamos con multitudes extraordinariamente grandes, publicamos una cantidad asombrosa de literatura religiosa, recolectamos enormes sumas de dinero, construimos una gran cantidad de iglesias y acumulamos deudas pasmosas que nuestros hijos deben pagar. Los líderes cristianos compiten entre sí en el campo de las estadísticas impresionantes y, al hacerlo, a menudo contraen úlceras pépticas, sufren crisis nerviosas o mueren de ataques cardíacos cuando aún son relativamente jóvenes.

Aquí es donde la filosofía pragmática entra en juego. No plantea preguntas embarazosas en cuanto a lo sabio de lo que estamos haciendo ni incluso sobre su moralidad. Acepta los fines que hemos elegido como correctos y buenos, y busca medios y formas eficientes para lograrlos. Cuando descubre algo que funciona, encuentra un texto que lo justifica, lo "consagra" al Señor y se lanza hacia adelante. Luego se escribe un artículo en una revista, un libro y finalmente se concede al inventor un título honorífico. Después de eso, cualquier pregunta sobre el carácter escritural de las cosas —o incluso sobre su validez moral— queda completamente eliminada. No se puede discutir con el éxito. El método funciona; *por lo tanto*, debe ser bueno.

La debilidad de todo eso es su trágica miopía. El pragmatismo nunca adopta una visión a largo plazo de lo que implica la fe; de hecho, no se atreve a hacerlo, sino que continúa creyendo alegremente que dado que funciona es bueno y verdadero. Quien practica el pragmatismo se satisface con el éxito actual y se deshace de cualquier sugerencia de que sus obras puedan esfumarse en el día de Cristo.

Como alguien bastante familiarizado con el panorama religioso contemporáneo, digo sin dudar que una parte —y muy grande— de las actividades que se llevan a cabo hoy en los círculos evangélicos no solo están influenciadas por el pragmatismo sino casi completamente controladas por él. La metodología religiosa está orientada a ello; surge grandiosamente en nuestras reuniones de jóvenes; las revistas y los libros lo glorifican constantemente; las convenciones están dominadas por él; y toda la atmósfera religiosa está viva con ese agente maligno que es el pragmatismo.

¿Qué haremos para eliminar su poder sobre nosotros? La respuesta es simple. *Debemos reconocer el derecho de Jesucristo a controlar las actividades de su iglesia.* El Nuevo Testamento contiene instrucciones completas, no solo sobre lo que debemos creer sino también sobre lo que debemos hacer y cómo debemos hacerlo. *Cualquier desviación de esas instrucciones constituye una negación del señorío de Cristo.*

Aunque digo que la respuesta es simple, no es fácil porque requiere que obedezcamos a Dios y no al hombre, y eso siempre provoca la ira de la mayoría religiosa. No es cuestión de saber qué hacer; podemos aprender eso fácilmente con las Escrituras. Es cuestión de si tenemos o no el valor para hacerlo.

EL LLAMADO AL MINISTERIO

El ministro cristiano, como alguien ha señalado, no es descendiente del orador griego sino del profeta hebreo.

Las diferencias entre el orador y el profeta son muchas y radicales, siendo la principal que el primero habla por sí mismo mientras que el segundo habla por Dios. El orador origina su mensaje y es responsable ante sí mismo de su contenido. El profeta no origina nada, solo entrega el mensaje que ha recibido de Dios, que es el único responsable de él, siendo el profeta responsable ante Dios únicamente de su entrega. El profeta debe escuchar el mensaje con claridad y transmitirlo fielmente, y eso es —en verdad— una responsabilidad seria; pero eso solo es para Dios, no para los hombres.

Es un dudoso cumplido para un predicador decir que es original. El mismo esfuerzo por ser original se ha convertido en una trampa para muchos jóvenes recién salidos del seminario que sienten que las costumbres antiguas y probadas son demasiado aburridas para ellos. Así que rechazan el trigo puro de la Palabra y tratan de alimentar a sus congregaciones con paja de su propia fabricación, tal vez muy dorada, pero paja al fin que nunca podrá alimentar el alma.

Escuché de un graduado de una escuela de teología que decidió seguir el consejo de su antiguo profesor y predicar únicamente la Palabra. Sus multitudes eran promedio. Entonces, un día, un ciclón azotó el pequeño pueblo y él cedió a la tentación de predicar sobre el tema "Por qué Dios envió el ciclón a Centerville". La iglesia se llenó. Eso estremeció al joven predicador, por lo que fue a pedirle a su profesor más consejos a la luz de lo sucedido. ¿Debía continuar predicando la Palabra a audiencias más pequeñas o intentar llenar su iglesia predicando sermones un poco más sensacionales? El anciano no cambió de opinión. "Si predicas la Palabra", le dijo al expositor, "siempre tendrás un mensaje. Pero si esperas a que lleguen los ciclones, no tendrás suficiente para todos".

El verdadero predicador es un hombre de Dios que habla a los hombres; es un hombre del cielo que da testimonio de Dios en la tierra. Como es un hombre de Dios, puede hablar de Dios. Puede decodificar el mensaje que recibe del cielo y transmitirlo en el idioma de la tierra.

La respuesta que la tierra da al mensaje del cielo en un momento dado varía según las condiciones morales de aquellos a quienes se dirige. El auténtico mensajero de Dios no siempre tiene ese éxito que los hombres juzgan como tal. El mensaje entregado con poder a veces regresa para destruir al mensajero, como lo atestiguan los profetas asesinados de Israel en los tiempos del Antiguo Testamento y Esteban, el primer mártir cristiano.

El verdadero ministro no lo es por su propia elección sino por la comisión soberana de Dios. A partir de un estudio de las Escrituras uno podría concluir que el hombre que Dios llama rara vez o nunca se rinde al llamado sin cierta reticencia. El joven que se apresura con demasiado entusiasmo al púlpito, a primera vista parece ser inusualmente espiritual; pero, en realidad, puede que solo esté revelando su falta de comprensión de la naturaleza sagrada del ministerio.

La vieja regla: "No prediques si puedes evitarlo", si se entiende correctamente, sigue siendo buena. El llamado de Dios llega con una insistencia que no será negada y difícilmente podrá resistirse. Moisés luchó enérgicamente contra su llamado y perdió ante la compulsión del Espíritu dentro de él; y lo mismo puede decirse de muchos otros en la Biblia y desde tiempos bíblicos. La biografía cristiana muestra que muchos de los que más tarde llegaron a ser grandes líderes cristianos, al principio, trataron seriamente de evitar la carga del ministerio; pero no puedo recordar un solo caso en el que un profeta haya solicitado el puesto. El verdadero ministro simplemente se rinde a la presión interna y grita: "¡Ay de mí si no predico el evangelio!

Aunque solo hay una manera de convertirse en un verdadero predicador, por desdicha hay muchas puertas al púlpito. Uno debe estar dotado de lo que a veces se llama una "buena presencia en el púlpito". Muchos Absalón altos, cuya presencia imponente y voz sonora lo señalan como líder natural de los hombres, están intentando hablar en nombre de Dios cuando no han sido enviados por él. Su llamado proviene del pueblo, no del Espíritu; y los resultados no pueden dejar de ser desastrosos.

Otros se han convertido en ministros por un amor genuino, pero completamente humano, por los demás. Estos tienen un fuerte sentido de obligación social que creen que pueden cumplir mejor ingresando al ministerio. De todas las razones erradas para convertirse en predicador, esta parecería ser la más elogiosa, pero no es una razón espiritualmente válida, porque pasa por alto el derecho soberano del Espíritu Santo de llamar a quien él quiera.

La iglesia, seguramente, tiene una compasión con la cual servir al mundo, pero sus motivos no son humanitarios. Son más altos que esto, tanto como la nueva creación es más alta que la vieja. Es inherente al espíritu cristiano que los seguidores de Cristo deseen ministrar tanto a los cuerpos como a las almas de los hombres. Pero el llamado a dar el mensaje profético de Dios al mundo es algo aparte.

El llamado a testificar y servir es para todo cristiano; el llamado a ser una voz para la humanidad llega solo al hombre que tiene el don del Espíritu y la habilitación especial. No necesitamos menos hombres para mostrar misericordia, sino más hombres que puedan escuchar las palabras de Dios y traducirlas al lenguaje humano.

CAPÍTULO 18

LOS PELIGROS DEL PREDICADOR

Algunas ocupaciones tienen riesgos inherentes, como el de minero de carbón, el de buzo de aguas profundas y el de campanero. Todo el mundo sabe que los hombres que cumplen esas actividades corren al menos cierto grado de peligro la mayor parte del tiempo.

En contraste con estos, el trabajo del ministerio no parece entrañar ningún peligro. En cuanto a riesgos físicos, el ministerio se encuentra casi al final de la lista y se considera que el ministro es uno de los mejores riesgos actuariales que cualquier compañía de seguros puede manejar.

Sin embargo, el ministerio es una de las profesiones más peligrosas. El diablo odia al ministro lleno del Espíritu con una intensidad solo superada por la que siente por Cristo mismo. La fuente de ese odio no es difícil de descubrir. Un ministro eficaz y semejante a Cristo es una constante vergüenza para el diablo, una amenaza a su dominio, una refutación de sus mejores argumentos y un tenaz recordatorio de su inminente derrocamiento. No es de extrañar que lo odie.

Satanás sabe que la caída de un profeta de Dios es una victoria estratégica para él, por eso no descansa ni de día ni de noche ideando artimañas ocultas y trampas para el ministerio. Quizás una figura mejor sería el dardo envenenado que solo paraliza a su víctima, porque creo que Satanás tiene poco interés en matar al predicador directamente. Un ministro ineficaz y medio vivo es mejor anuncio del infierno que un buen hombre muerto. Por lo tanto, es probable que los peligros del predicador sean espirituales más que físicos, aunque a veces el enemigo trabaja a través de debilidades corporales para llegar al alma del predicador.

De hecho, existen algunos peligros muy reales y de tipo más severo contra los que el ministro debe protegerse, como el amor al dinero y a las mujeres; pero los más mortales son mucho más sutiles que estos. Así que enfoquémonos en ellos.

Por un lado, existe el peligro de que el ministro llegue a pensar que pertenece a una clase privilegiada. Nuestra sociedad "cristiana" tiende a aumentar este peligro al conceder al clero descuentos y otras cortesías, mientras que la propia iglesia contribuye a ese mal trabajo concediendo a los hombres de Dios diversas honras que pueden ser impresionantes, dependiendo de cómo se consideren.

Al considerar el nombre que el ministro tiene, la aceptación inconsciente de pertenecer a una clase privilegiada resulta particularmente incongruente para él. Cristo vino a dar, a servir, a sacrificar y a morir, por lo que les dijo a sus discípulos: "Como el Padre me envió a mí, así yo los envío a ustedes" (Juan 20:21). El predicador es un siervo del Señor y del pueblo. De modo que corre un gran peligro moral si olvida eso.

Otro peligro es que pueda desarrollar un espíritu superficial cuando desarrolla la obra del Señor. La familiaridad puede generar desprecio incluso en el mismo altar de Dios. ¡Cuán espantoso es para el predicador cuando se acostumbra a su trabajo, cuando su sentido de asombro desaparece, cuando se acostumbra a lo inusual, cuando pierde su temor solemne en presencia del Altísimo y Santo; cuando —para decirlo claramente— se aburre un poco de Dios y de las cosas celestiales.

Si alguien duda de que esto pueda suceder, que lea el Antiguo Testamento y vea la manera en que los sacerdotes de Jehová —a veces— perdían el sentido del misterio divino y se volvían profanos aun mientras cumplían con sus santos deberes. Y la historia de la iglesia revela que esta tendencia a la superficialidad no murió con la desaparición del orden del Antiguo Testamento. Los sacerdotes y pastores seculares que guardan las puertas de la casa de Dios para recibir pan todavía están entre nosotros. Satanás se encargará de que así sea, porque hacen a la causa de Dios más daño que el que haría todo un ejército de ateos.

También existe el peligro de que el predicador se distancie espiritualmente de la gente sencilla. Esto surge de la naturaleza del cristianismo institucionalizado. El ministro se reúne casi exclusivamente con personas religiosas. La gente está en guardia cuando está con él. Tienden a hablar por encima de sus propias cabezas y a ser por el momento el tipo de individuos que creen que él quiere que sean, en vez de la clase de personas que son en realidad. Esto crea un mundo de irrealidad donde nadie es completamente él mismo, pero el predicador ha vivido en él durante tanto tiempo que lo acepta como real y nunca nota la diferencia.

Los resultados de vivir en ese mundo artificial son desastrosos. Ya no hay conversaciones casuales, solo hay "conferencias"; ya no hay personas sencillas como las que tanto amó nuestro Señor, solo hay "casos" y personas con "problemas". La franqueza sencilla y sincera que debería caracterizar todas las relaciones entre el cristiano y sus semejantes se pierde y la iglesia se convierte en una clínica religiosa. El Espíritu Santo no puede obrar en tal atmósfera, lo cual —al final— es calamitoso, porque sin él la obra del ministerio se convierte en madera, heno y hojarasca.

Por eso siempre existe el peligro de que el ministro sufra una falta de simpatía y que su actitud se vuelva abstracta y académica, de modo que ame a la humanidad sin amar a las personas. Cristo era exactamente lo opuesto a eso. Amaba a los niños, a los publicanos, a las rameras y a los enfermos, y los amaba de forma espontánea e individual. El hombre que dice seguirlo no puede permitirse el lujo de hacer otra cosa.

Otro peligro que enfrenta el ministro es que puede llegar a amar inconscientemente las ideas religiosas y filosóficas más que a los santos y a los pecadores. Es perfectamente posible sentir por el mundo de los hombres perdidos el mismo tipo de afecto desapegado que el naturalista Fabre, por ejemplo, sentía por una colmena de abejas o una colina de hormigas negras. Es algo para estudiar, de lo que aprender, posiblemente incluso para ayudar, pero nada por lo que llorar o morir.

Cuando esta actitud prevalece, lleva a un tipo de predicación forzada y pedante. El ministro supone que sus oyentes están tan familiarizados con la historia, la filosofía y la teología como él, por lo que se entrega a alusiones eruditas, hace referencias casuales a libros y escritores totalmente desconocidos para la mayoría de los que lo escuchan, y confunde la expresión perpleja en los rostros de sus feligreses con admiración por su brillantez.

No entiendo por qué la gente religiosa sigue soportando este tipo de cosas, además de pagarlas y apoyarlas. Solo puedo agregarlo a la larga lista de cosas que no entiendo y probablemente nunca entenderé.

Otra trampa en la que el predicador corre el peligro de caer es que puede hacer lo que le resulta natural y simplemente tomárselo con calma. Sé lo delicado que es este asunto y, aunque escribir esto no me hará ganar amigos, espero que pueda influir en las personas en la dirección correcta. Es fácil que el ministro se convierta en un holgazán privilegiado, un parásito social con la palma abierta y la mirada expectante. No tiene ningún jefe a la vista; A menudo no se le exige que mantenga un horario específico, por lo que puede desarrollar un patrón de vida cómodo que le permita holgazanear, jugar, dormitar y andar a su antojo. Y muchos hacen precisamente eso.

Para evitar este peligro, el ministro debería imponerse voluntariamente una vida de trabajo tan ardua como la de un agricultor, un estudiante serio o un científico. Ningún hombre tiene derecho a un modo de vida menos duro que el de los trabajadores que lo apoyan. Ningún predicador tiene derecho a morir de viejo si el trabajo arduo puede matarlo.

Tal vez debería decirse, sin embargo, que algunos hombres de Dios han aprendido a trabajar en el Espíritu Santo y así han escapado tanto de la ociosidad como de la muerte por agotamiento, y han vivido hasta una edad avanzada. Hombres como Moisés y Samuel en la antigüedad, y hombres como John Wesley, el obispo Asbury, A. B. Simpson y el pastor Philpott de tiempos más recientes. Estos realizaron grandes hazañas sin dañar sus constituciones, pero no todos los hombres han podido descubrir su secreto. Charles Finney enseñó con franqueza que un hombre de Dios podía acelerar su fin llevando las cargas de una iglesia descarriada, y exoneró al predicador y culpó a la iglesia. Estemos de acuerdo con él o no, sigue siendo un hombre cuyas convicciones no deben tomarse a la ligera.

Insisto, la utilidad de cualquier ministro puede verse gravemente perjudicada por cualquiera de dos pecados opuestos: demasiada flexibilidad o demasiada rigidez. Entre estas dos rocas hay un canal profundo y claro; bienaventurado el hombre que lo encuentre.

Ceder a los deseos de una congregación no espiritual en cuestiones de moral o doctrina es un mal oscuro; modificar el sermón para complacer a un liderazgo carnal es un pecado profundo; pero negarse a transigir en asuntos triviales revela un espíritu que no está en absoluto en armonía con el descrito por Santiago en el tercer capítulo de su epístola: "En cambio, la sabiduría que desciende del cielo es ante todo pura y además pacífica, respetuosa, dócil, llena de compasión y de buenos frutos, imparcial y sincera" (3:17).

Thomas à Kempis advirtió el mal de una rigidez excesiva:

> Es verdad que cada uno hace voluntariamente lo que le conviene y se inclina más hacia lo que es de su propio parecer ... pero si Dios está entre nosotros, a veces debemos dejar de adherirnos a nuestra propia opinión, en aras de la paz. ¿Quién es tan sabio que pueda saberlo todo? Por tanto, no confíe demasiado en su propia opinión; mejor esté dispuesto a escuchar el juicio de los demás.

Deben mencionarse otros dos peligros para el hombre de Dios, los cuales también son opuestos. Uno debe sentirse eufórico por el éxito y el otro abatido por el fracaso.

Puede que al lector le parezcan triviales, pero la historia del ministerio cristiano no respaldará esta conclusión. Son críticamente peligrosos y deben resguardarse de ellos con mucho cuidado. Los discípulos regresaron a Cristo con rebosante entusiasmo, diciendo: "Señor, hasta los demonios se nos someten en tu nombre", y él rápidamente les recordó a otro ser que había permitido que el éxito se le subiera a la cabeza. "Yo veía a Satanás caer del cielo como un rayo", dijo. "No se alegren de que puedan someter a los espíritus, sino alégrense de que sus nombres están escritos en el cielo" (Lucas 10:17-18, 20).

No es necesario insistir en el segundo de estos dos peligros. Todo ministro del evangelio sabe lo difícil que es mantenerse espiritual cuando su trabajo parece infructuoso. Sin embargo, se requiere que se regocije en Dios tanto cuando tiene un mal año como cuando ve un gran éxito.

No es mi propósito aquí acusar ni menospreciar, sino señalar los peligros. Todos somos objeto del odio malicioso del diablo, por lo que solo estamos a salvo si estamos dispuestos a humillarnos y a aceptar la ayuda de los demás, incluso de alguien que sea tan débil y que se enfrente diariamente a un peligro tan grande como quien escribe.

CAPÍTULO 19

BONDAD
Y GRANDEZA

Cuando las nieblas se hayan disipado y todas las cosas aparezcan con la luz adecuada, creo que se revelará que bondad y grandeza son sinónimos. No veo cómo podría ser de otra manera en un mundo moral.

Mientras tanto, las dos cualidades no son las mismas, sino que pueden separarse y, de hecho, a menudo se oponen entre sí.

A juzgar por nuestros estándares humanos provisionales, la humanidad puede dividirse en cuatro clases: los que son grandes pero no buenos; los que son buenos pero no geniales; los que son grandes y buenos, y los que no son ni buenos ni grandes. En la Biblia se destacan con gran claridad.

Entre los que fueron *grandes* y *buenos* está Abraham el hebreo. Cuando digo bondad me refiero a la solidez moral dentro del marco de la comprensión que el individuo tiene de ella. Abraham no era perfecto, según los estándares cristianos, pero su carácter moral se elevaba por encima del de sus contemporáneos como el pico de una montaña sobre las colinas circundantes.

Por la grandeza del hombre no es necesario presentar aquí ningún informe. Era un gran tipo, un gigante en un campo de suma importancia: el campo de la fe. Como padre de los fieles y fundador de la nación de Israel, su lugar está establecido desde hace mucho tiempo. En la historia secular no es difícil identificar a hombres que fueron grandes pero no buenos. Me vienen a la mente tres tipos de tiempos más recientes: Napoleón, Hitler y

Stalin. Por muy a regañadientes que lo admitamos, fueron grandes hombres y debemos reconocerlos como tales si queremos ser completamente francos. Un hombre que puede forjar un imperio, cambiar radicalmente el curso de la historia mundial o mantener bajo su férreo control a casi un tercio de la raza humana debe ser llamado un gran hombre, incluso un prodigio, independientemente del tipo de carácter personal que pueda poseer. Y estos hombres hicieron esas cosas. Fueron geniales, pero no buenos.

Luego están los hombres que son *buenos pero no grandes*, y podemos agradecer a Dios que sean tantos, no porque no hayan podido alcanzar la grandeza sino porque por la gracia de Dios lograron adquirir la pura bondad.

Estos hombres se mueven silenciosamente a través de las páginas de la Biblia, pero donde caminan hay un clima agradable y buen compañerismo. Así era Isaac, que era hijo de un gran padre y progenitor de un gran hijo, pero que nunca se destacó demasiado. Tales eran Booz —antepasado del rey David—, José —esposo de María— y Bernabé, hijo de la consolación.

Todo pastor conoce esta clase de personas: individuos sencillos que no tienen nada que recomendar excepto su profunda devoción a su Señor y el fruto del Espíritu que todos manifiestan inconscientemente. Sin ellos, las iglesias tal como las conocemos en la ciudad, el pueblo y el campo no podrían continuar. Estos son los primeros en presentarse cuando hay trabajo que hacer y los últimos en regresar a casa cuando hay que orar. No son conocidos más allá de las fronteras de su propia parroquia porque no hay nada dramático en la fidelidad ni nada noticioso en la bondad, pero su presencia es una bendición dondequiera que vayan. No tienen grandeza que atraiga hacia ellos los ojos de admiración de los hombres carnales, sino que se contentan con ser hombres buenos y llenos del Espíritu Santo, esperando con fe el día en que se conozca su verdadero valor. Cuando mueren, dejan tras de sí una fragancia de Cristo que persiste mucho después de que las celebridades baratas de la época sean olvidadas.

La cuarta clase está formada por personas que *no son ni grandes ni buenas*. En esta categoría caen la mayoría de los hombres.

Un ejemplo bíblico de esta clase de hombre fue Acab, el rey de Israel. Es cierto que tenía los atributos aparentes de la grandeza: era rey. Pero el contraste mismo entre lo que debería haber sido y lo que era no sirve más que para acentuar el carácter miserable y despreciable del hombre. Debajo de sus vestiduras reales late el corazón de un débil. Este tipo llorón y enfurruñado era la herramienta cobarde de una esposa fuerte pero viciosa que lo corrompió y arruinó a su pueblo. No tiene una sola virtud que lo elogie. No era ni bueno ni grandioso.

En el otro extremo están los millones de personas comunes y corrientes que no pueden reclamar ni bondad ni grandeza. Thomas Gray en su exquisita *Elegía* describe a aquellos que han sido obviados por el mundo.

> Lejos de la innoble lucha del mundanal ruido
> Sus sobrios deseos nunca aprendieron a extraviarse;
> Después del fresco y aislado valle de la vida,
> Mantuvieron el tenor silencioso de su camino.

Por hermoso que sea este pensamiento, representa lo que queremos que sean las cosas en lugar de lo que son. Nos despierta tiernos sentimientos soñar con las masas nobles de la humanidad viviendo sus vidas ocultas tan puras como gemas no descubiertas y tan fragantes como flores invisibles, pero los hechos concretos son muy diferentes.

Las mayorías de los hombres no son grandiosos, pero eso no significa que sean buenos. La verdad es que son —casi sin excepción— egoístas, lujuriosos,ególatras, testarudos, vanidosos y temerosos. Si esto parece un juicio severo hacia mis semejantes, sepan que no reclamo para mí ninguna inspiración y encomiendo a mis lectores a un apóstol inspirado. Lea las palabras de Pablo en Romanos 3:9-19 y Efesios 2:1-3.

Solo queda decir que no todos los hombres pueden ser grandes, pero todos los hombres están llamados a ser buenos por la sangre del Cordero y el poder del Espíritu Santo.

CAPÍTULO 20

LA ORACIÓN DE UN PROFETA MENOR

El compromiso y la oración de un predicador

Escrito en 1950, este capítulo se ha reimpreso muchas veces y ha circulado ampliamente.

Esta es la oración de un hombre llamado a ser testigo ante las naciones. Esto es lo que le dijo a su Señor el día de su ordenación. Después de que los ancianos y ministros oraron y le impusieron las manos, se retiró para encontrarse con su Salvador en el lugar secreto y en silencio, más lejos de lo que sus hermanos bien intencionados podían llevarlo.

Y *él dijo*: Oh Señor, escuché tu voz y tuve miedo. Me has llamado a una tarea asombrosa en una hora grave y peligrosa. Estás a punto de hacer temblar a todas las naciones, a la tierra y también al cielo, para que lo que es inconmovible permanezca.

Oh Señor, mi Dios, te has rebajado para honrarme y ser tu siervo. Nadie toma sobre sí este honor sino el que es llamado por Dios como lo fue Aarón. Me has designado mensajero tuyo para los obstinados de corazón y los sordos. Te han rechazado a ti, el Maestro; por lo que no es de esperar que me reciban a mí, el siervo.

Dios mío, no perderé el tiempo lamentando mi debilidad ni mi incapacidad para la tarea. La responsabilidad no es mía, sino tuya. Tú has dicho: "Yo te conocí, te ordené, te santifiqué", y también dijiste: "Irás a todo lo que te enviaré y todo lo que te ordene hablarás". ¿Quién soy yo para discutir contigo o para cuestionar tu elección soberana? La decisión no es mía sino tuya. Que así sea, Señor. Hágase tu voluntad, no la mía.

Bien sé, Dios de los profetas y de los apóstoles, que mientras te honre, tú me honrarás a mí. Ayúdame, por tanto, a hacer este voto solemne de honrarte en toda mi vida y mis trabajos futuros, ya sea por ganancia o pérdida, por vida o por muerte, y luego a mantener ese voto inquebrantable mientras viva.

Es hora, oh Dios, de que actúes, porque el enemigo ha entrado en tus pastos y las ovejas están despedazadas y dispersas. Abundan los falsos pastores que niegan el riesgo y se ríen de los peligros que rodean a tu rebaño. Las ovejas son engañadas por esos asalariados y las siguen con conmovedora lealtad mientras el lobo se acerca para matar y destruir. Te suplico que me des ojos agudos para detectar la presencia del enemigo; dame entendimiento para ver y valor para contar fielmente lo que veo. Haz que mi voz sea tan parecida a la tuya que incluso las ovejas enfermas la reconozcan y te sigan.

Señor Jesús, acudo a ti para que me prepares espiritualmente. Pon tu mano sobre mí. Úngeme con el aceite del profeta neotestamentario. No permitas que me convierta en un escriba religioso y pierda así mi vocación profética. Sálvame de la maldición que yace oscura en el rostro del clero moderno, la maldición del compromiso, de la imitación, del profesionalismo. Sálvame del error de juzgar una iglesia por su tamaño, su popularidad o la cantidad de sus ofrendas. Ayúdame a recordar que soy un profeta, no un promotor ni un administrador religioso, sino un profeta. Nunca permitas que me convierta en esclavo de las multitudes. Sana mi alma de las ambiciones carnales y líbrame del ansia de publicidad. Sálvame de la esclavitud a las cosas. No dejes que pierda mis días dando vueltas en la casa. Pon tu terror sobre mí, oh Dios, y llévame al lugar de oración donde pueda luchar con principados y potestades así como también con los gobernantes de las tinieblas de este mundo. Líbrame de comer en exceso y de dormir hasta tarde. Enséñame autodisciplina para que pueda ser un buen soldado de Jesucristo.

Acepto el trabajo arduo y las pequeñas recompensas en esta vida. No pido un lugar cómodo. Intentaré no ver las pequeñas formas que podrían hacer la vida más sencilla. Si otros buscan el camino más fácil, yo intentaré tomar el más difícil sin juzgarlos con severidad. Esperaré la oposición y trataré de tomarla con calma cuando la enfrente. O si, como a veces les toca a tus siervos, recibiera regalos agradecidos de tu bondadoso pueblo, quédate a mi lado y sálvame de la plaga que a menudo sigue. Enséñame a usar todo lo que recibo de tal manera que no dañe mi alma ni reduzca mi poder espiritual. Y si en tu permisiva providencia me viniera la honra de tu iglesia, no me permitas olvidar en esa hora que soy indigno de la menor de tus misericordias, y que si los hombres me conocieran tan íntimamente como yo me conozco a mí mismo, me negarían sus honores o los concederían a otros más dignos de recibirlos.

Y ahora, oh Señor del cielo y de la tierra, te consagro los días que me quedan; sean muchos o pocos, según tú quieras. Déjame presentarme ante los grandes o ministrar a los pobres y a los humildes; esa elección no es mía y no influiría en ella si pudiera. Soy tu siervo para hacer tu voluntad, voluntad que es más dulce para mí que la posición, las riquezas o la fama, y la elijo por encima de todas las cosas en la tierra o en el cielo.

Aunque soy elegido por ti y honrado por tan elevado y santo llamamiento, nunca permitas que olvide que no soy más que un hombre de polvo y cenizas, un ser con todos los defectos y pasiones naturales que plagan a la raza humana. Te ruego, por tanto, mi Señor y Redentor, que me salves de mí mismo y de todos los daños que pueda hacerme tratando de ser una bendición para los demás. Lléname con tu poder por el Espíritu Santo, e iré con tu fuerza y hablaré de tu justicia, solo la tuya, únicamente. Difundiré por el mundo el mensaje del amor redentor mientras duren mis poderes normales.

De modo que, amado Señor, cuando sea viejo, esté cansado y demasiado agotado para continuar, tengas preparado un lugar allá arriba para mí y que me cuentes con tus santos en gloria eterna. *Amén*. AMÉN.

CAPÍTULO 21

EL ESPÍRITU SANTO ES INDISPENSABLE

E l constante alejamiento del Espíritu Santo por parte de los cristianos evangélicos es demasiado evidente para negarlo e imposible de justificar.

El cristianismo evangélico es trinitario: "Alabado sea el Padre, el Hijo y el Espíritu Santo" se canta en casi todas las iglesias todos los domingos del año; y ya sea que el que lo canta se dé cuenta o no, está reconociendo que el Espíritu Santo es Dios con igual derecho a ser adorado junto con el Padre y el Hijo. Sin embargo, después de que se canta esta afirmación al comienzo del servicio o en su desarrollo, poco o nada se vuelve a escuchar del Espíritu hasta la bendición. ¿Por qué?

No hay una respuesta única a esta pregunta. A la iglesia histórica, por regla general, no le ha ido mucho mejor que a nosotros. El Credo de los Apóstoles menosprecia al Espíritu Santo con las palabras: "Creo en el Espíritu Santo". Otros credos antiguos siguen este reconocimiento de una sola frase. El Credo de Nicea va un poco más allá y dice: "Y en el Espíritu Santo, Señor y Dador de vida, que procede del Padre y del Hijo, con el Padre y el Hijo recibe una misma adoración y gloria, y que habló por los profetas".

El Credo Atanasiano, el más completo y explícito de todos, atribuye plena deidad al Espíritu, pero aun cuando la verdad correcta sobre el Padre y el Hijo se expone con considerable detalle en el documento, lo máximo que se dice del Espíritu es esto: "El Espíritu Santo es del Padre y del Hijo: no hecho, ni creado, ni engendrado, sino procedente". El *Te Deum Laudamus*, el más famoso y hermoso de los antiguos himnos cristianos, alaba ampliamente al Padre y al Hijo, pero del Espíritu solo dice: "También el Espíritu Santo, el Consolador".

¿No es extraño que se hable tanto del Espíritu Santo en el Nuevo Testamento y tan poco en los escritos cristianos que se supone se basan en el Nuevo Testamento? Uno de los padres de la iglesia, en un tratado sobre la Trinidad escrito en el siglo tercero, dedica al Espíritu Santo solo seis páginas de un libro de ciento cuarenta páginas. Aunque defiende la deidad del Espíritu, dice veinte veces más sobre el Padre y el Hijo que sobre el Espíritu.

Creo que sería justo aceptar que hay más en el Nuevo Testamento sobre el Hijo que sobre el Espíritu, pero la desproporción seguramente no es tan grande como en los escritos mencionados y, ciertamente, el casi total abandono del Espíritu en el cristianismo contemporáneo no puede ser justificado por las Escrituras. El Espíritu aparece en el segundo versículo del primer libro de la Biblia y en el último capítulo del último libro de la Biblia, así como cientos de veces entre el primero y el último. Sin embargo, lo que más importa no es la frecuencia con la que se alude al Espíritu en la Biblia o en otros escritos, sino la relevancia que se le atribuye cuando se le menciona. Y no cabe duda de que existe una enorme disparidad entre el lugar que se le da al Espíritu en las Sagradas Escrituras y el que ocupa en el cristianismo evangélico popular. En las Escrituras el Espíritu Santo es necesario. Allí obra poderosa y creativamente; aquí Él es poco más que un anhelo poético o, a lo sumo, una influencia benigna. Allí se mueve en majestad, con todos los atributos de la Deidad; aquí Él es un estado de ánimo, un tierno sentimiento de buena voluntad.

Según las Escrituras todo lo que Dios hizo en la creación y la redención lo hizo por su Espíritu. El Espíritu se encontró meditando sobre el mundo en el momento en que Dios lo llamó a existir. Su presencia allí era necesaria. La obra vivificante del Espíritu se ve en toda la Biblia; y es precisamente porque Él es Señor y dador de vida que pudo realizarse el misterio de la encarnación. "El Espíritu Santo vendrá sobre ti y el poder del Altísimo te cubrirá con su sombra. Así que al santo niño que va a nacer lo llamarán Hijo de Dios" (Lucas 1:35). Es muy significativo que nuestro Señor, aunque era verdadero Dios de verdadero Dios, no obró hasta que "Dios [lo] ungió con el Espíritu Santo" (Hechos 10:38). El Hijo hizo su obra de amor como Hombre ungido por el Espíritu; su poder derivaba del Espíritu de poder.

Se ha sugerido sabiamente que un título más revelador para los Hechos de los Apóstoles sería Hechos del Espíritu Santo. Los hombres cuyos milagros allí están registrados no podrían haber realizado ni un solo acto de poder si no hubieran sido llenos del Espíritu. De hecho, el Señor les prohibió específicamente intentar hacer algo con sus propias fuerzas. Les dijo: "Pero ustedes quédense en la ciudad hasta que sean revestidos del poder de lo alto" (Lucas 24:49).

El único poder que Dios reconoce en su iglesia es el de su Espíritu, mientras que el único realmente reconocido hoy por la mayoría de los evangélicos es el poder del hombre. Dios hace su obra mediante la operación del Espíritu, mientras que los líderes cristianos intentan hacer la suya a través del poder de un intelecto entrenado y devoto. La personalidad del hombre ha tomado el lugar de la inspiración divina.

Todo lo que los hombres hacen con sus propias fuerzas y mediante sus propias capacidades se hace solo por un tiempo; la cualidad de la eternidad no está en ello. Solo lo que se hace por medio del Espíritu eterno permanecerá eternamente; todo lo demás es madera, heno, hojarasca.

Sería contradictorio que algunos de los que nos consideramos líderes evangélicos relevantes descubramos al fin que no hemos hecho más que cosechar paja.

CAPÍTULO 22

LA RELIGIÓN PUEDE SER UNA FACHADA O UNA FUENTE

Si pensamos en la religión cristiana como fe en Cristo, amor a Dios y servicio amoroso a los hombres, podemos ver fácilmente cómo puede ser una fuente de agua dulce que brota para siempre. Y así es, sin duda, lo que debe ser.

Por otro lado, si pensamos en la religión como la profesión externa de la gracia interior (lo que debe ser hasta cierto punto), entonces podemos ver cómo puede convertirse en una mera fachada detrás de la cual no hay realidad, una vitrina que contiene todo en una tienda mientras los estantes del interior están completamente vacíos. El transeúnte nunca se imagina lo vacío que está el interior hasta que entra y echa un vistazo; entonces comprende que el escaparate ha sido una fachada para ocultar la pobreza del propietario.

Si estas observaciones le parecen desagradablemente reales, recuerde que la esencia del Antiguo Testamento radicaba en la discrepancia entre la vida externa y la interna de Israel. Además, gran parte de la predicación de Cristo estaba dirigida contra los judíos por su incapacidad de ser interiormente lo que su profesión externa afirmaba que eran. Pablo también advirtió contra aquellos que no tenían más que una apariencia de piedad sin la sustancia correspondiente, y la historia de la iglesia proporciona todas las pruebas que necesitamos de que la tentación de hacer de la religión una fachada es muy real y muy fuerte. Nuestro camino más sabio será no eludir tímidamente este tema, sino afrontarlo y abordarlo con valentía.

La tendencia a hacer de la religión una mera fachada es más fuerte entre aquellas personas que se dedican al servicio cristiano profesional, como pastores por ejemplo los evangelistas, los maestros, los trabajadores de la escuela dominical y aquellos que escriben, editan, publican y promueven la religión en general. El obrero cristiano siempre debe estar dispuesto a liderar la oración pública o a ofrecer una "palabra de oración" en toda clase de circunstancias y en casi todas las situaciones imaginables. Debe estar preparado con un argumento espiritual para todas las ocasiones y en cualquier momento debe ser capaz de ofrecer consejos sabios y devocionales a cualquiera que lo solicite. La necesidad de decir en todo momento lo piadoso le obliga a menudo a mostrar un entusiasmo que no siente y a conformarse con cuestiones ajenas de las que él mismo no está demasiado seguro. Su profesión le obliga a parecer espiritual, lo sea o no. Siendo la naturaleza humana lo que es, el hombre de Dios pronto puede adoptar un aire de piedad constante y tratar de parecer lo que el público cree que es. La sonrisa fija y el tono hueco del clérigo profesional son demasiado conocidos como para requerir mayor mención.

Toda esta muestra de piedad, por la presión de las circunstancias y sin que sea culpa del propio hombre, puede convertirse en una fachada detrás de la cual se esconde un individuo, un alma quejumbrosa, secretamente desanimada y solitaria. Aquí no hay hipocresía, ni doble vida intencional, ni deseo real de engañar. El hombre ha sido dominado por las circunstancias. Ha sido nombrado guardián de las viñas de otros, pero su propia viña no ha sido guardada. Se le han hecho tantas exigencias que hace tiempo que se agotaron sus reservas. Se ha visto obligado a ministrar a otros mientras él mismo necesita desesperadamente alguien que le ministre.

Aun cuando esta condición prevalece más ampliamente de lo que nos gustaría admitir, no debe aceptarse como inevitable. Hay una manera mejor, más verdadera y más feliz, y no es difícil de encontrar. Solo necesitamos ser audaces y francos en cuanto a todo el asunto y pronto se descubrirá el remedio.

En pocas palabras, la manera de escapar de la religión como fachada es convertirla en una fuente. Asegurémonos de orar más de lo que predicamos y nunca predicaremos nosotros mismos. Permanezcamos con Dios en un lugar secreto más tiempo del que estamos con los hombres en uno público y la fuente de nuestra sabiduría nunca se secará. Mantengamos nuestros corazones abiertos al Espíritu que fluye y no nos agotará el fluir. Cultivemos el conocimiento de Dios más que la amistad de los hombres y siempre tendremos pan en abundancia para dar al hambriento.

Nuestra primera responsabilidad no es con el público sino con Dios y nuestras propias almas. Moisés bajó del monte para hablar al pueblo. Cristo dijo a sus discípulos que se demoraran antes de partir. Nicolas Grou se negó a escribir una línea hasta que su corazón estuviera en un estado de adoración resplandeciente. George Mueller no subiría al púlpito hasta que primero hubiera bañado su alma en oración y sintiera los impulsos de la gracia divina.

Estos hombres nos muestran el camino. Es mediante la humildad, la sencillez y la constante comunión confiada con Dios que mantenemos abierta la fuente que yace dentro de nuestros corazones.

CAPÍTULO 23

NECESITAMOS PENSADORES SANTIFICADOS

Primera parte

La iglesia de hoy languidece por hombres que puedan aportar a los problemas de la fe mentes reverentes y valientes decididas a encontrar una solución.

Por desdicha, el fundamentalismo nunca ha producido un gran pensador. Uno puede examinar la producción de la prensa religiosa desde principios de siglo y no encontrar un solo libro escrito por un cristiano fundamentalista que dé evidencia de algún pensamiento realmente independiente. Y en cuanto a aquellos eruditos cristianos que, aunque completamente ortodoxos, no les importa ser clasificados con los fundamentalistas, no lo han hecho mucho mejor.

Que todos entiendan que ahora soy y siempre he sido evangélico. Acepto la Biblia como la misma Palabra de Dios y creo con completa y tranquila confianza que contiene todo lo necesario para la vida y la piedad. Acepto los principios de la fe cristiana histórica sin reservas y soy consciente de que no tengo ninguna simpatía espiritual con el liberalismo en ninguna de sus manifestaciones.

Sin embargo, es mi doloroso deber dejar constancia no solo de que no he sido cuestionado por la producción intelectual de los evangélicos de esta generación, sino también de que he encontrado evidencia de un pensamiento religioso genuino casi exclusivamente del lado de aquellos que —por una u otra razón— se rebelan contra el fundamentalismo. Nosotros, los de las iglesias evangélicas, nos hemos sentado en silencio y hemos permitido que los del otro lado piensen por completo. Nos hemos contentado con hacernos eco de las palabras de otros hombres y repetir clichés religiosos hasta la saciedad.

Con esto no quiero decir que no se hayan producido libros buenos o útiles en los círculos evangélicos en los últimos años. Sin duda los ha habido. Han aparecido muchos buenos libros doctrinales, principalmente exposiciones de las epístolas paulinas. También se han escrito algunas obras devocionales excelentes, así como algunas buenas biografías cristianas y una serie de excelentes libros sobre misiones extranjeras, sin mencionar una gran cantidad de obras sobre avivamiento, escritas generalmente por personas que nunca vieron un avivamiento más que en proporciones locales. Todos estos libros han servido para algún buen fin, sin duda, y podemos estar sinceramente agradecidos por ellos; pero el problema es que no son más que recopilaciones de otras obras que han aparecido antes que ellos. No contienen evidencia de que sean originales en ningún sentido. Fueron elaborados a partir de piezas tomadas de otros en lugar de nacer de la angustia y la alegría de la experiencia personal. A los autores no les costaron nada más que el trabajo mecánico de escribirlos.

Después de comprometerme con las contundentes declaraciones anteriores, supongo que debería proporcionarme una salida de escape en caso de que alguien arroje una carga explosiva en mi vecindad. Admito que me veo obligado a hablar en el marco de mi propia experiencia limitada, y puede ser que algún gran pensador evangélico me sea desconocido y haya escrito una obra maestra de la que aún no he oído hablar. Si esto es así entonces estoy en un error.

Insisto, si algunos de mis lectores consideraran que C. S. Lewis es un pensador original, podría explicar que yo lo clasificaría como un apologista más que como un escritor religioso creativo.

Lewis aporta a la defensa del cristianismo histórico una mente tan clara como la luz del sol y una capacidad asombrosa para hacer que la fe de nuestros padres parezca razonable. Su debilidad, o más bien la debilidad de sus libros, reside en una ausencia casi total de urgencia moral. Uno puede leer sus argumentos, admitir su solidez y permanecer completamente impasible ante todo el asunto. En resumen, sus libros persuaden al intelecto pero nunca meten en problemas a la conciencia. Por esta razón C. S. Lewis debe seguir siendo un apologista; nunca podrá ser un reformador.

Si bien estoy totalmente del lado de la fe cristiana ortodoxa en mis simpatías espirituales, me veo obligado a reconocer que el evangelicalismo tal como se ha sostenido y enseñado durante el último medio siglo ha tendido a paralizar las facultades críticas y desalentar el pensamiento vigoroso. Los cristianos evangélicos modernos son loros, no águilas, y en lugar de navegar y explorar las extensiones ilimitadas del reino de Dios, se contentan con sentarse a salvo en sus lugares familiares y repetir en un brillante falsete palabras y frases religiosas cuyo significado apenas entienden. Una o dos generaciones más de esto y de lo que ahora es evangelicalismo será liberalismo. Ningún ser vivo puede subsistir por mucho tiempo con sus ayeres.

Los cristianos de esta generación deben ver y oír algo por sí mismos si quieren escapar del embrutecimiento religioso. Los lemas caducos no pueden salvarlos. Los significados se expresan en palabras, pero una de las desgracias de la vida es que las palabras tienden a persistir mucho después de que sus significados han desaparecido, con el resultado de que hombres y mujeres irreflexivos creen que tienen la realidad porque tienen la palabra para expresarla. Ahí es donde estamos ahora.

Segunda parte

El pensador religioso creativo no es un soñador, no es un intelectual en una torre de marfil que lleva adelante sus elevadas reflexiones alejado del mundo rudo. Es más probable que sea un hombre preocupado y agobiado por los males de la existencia, ocupado no con asuntos académicos o teóricos sino prácticos y personales.

Los grandes pensadores religiosos del pasado rara vez fueron hombres de ocio; en su mayoría eran hombres de negocios, cercanos y muy participantes en el mundo turbulento. El pensador santificado de nuestros tiempos tampoco será un poeta que contempla una puesta de sol desde algún lugar tranquilo y apartado, sino alguien que se siente un viajero perdido en un desierto que debe encontrar el camino hacia la seguridad. Que otros sigan más adelante el camino que él traza no será algo primordial en su pensamiento. Más tarde comprenderá eso, pero por el momento estará ocupado buscando la salida por sí mismo.

Para pensar bien y útilmente, un hombre debe estar dotado de ciertas cualidades indispensables. Para empezar, debe ser completamente honesto y transparentemente sincero. El despreocupado se elimina automáticamente. Se le pesa en la balanza y se le considera demasiado riesgoso para que se le confíen los pensamientos de Dios. Basta con que entre un soplo de ligereza en su mente y el poder de pensar creativamente se apagará al instante. Y por ligereza no me refiero a ingenio ni siquiera al humor; sino a la falta de sinceridad, la farsa, la ausencia de seriedad moral. Los grandes pensamientos requieren una actitud de gracia hacia la vida, la humanidad y Dios.

Otro requisito es la valentía. El hombre tímido no se atreve a pensar por miedo a descubrirse a sí mismo; para él, es una experiencia tan impactante como descubrir que tiene cáncer. El pensador sincero llega a su tarea con el abandono de Saulo de Tarso, clamando: "Señor, ¿qué quieres que haga?" (Hechos 9:6). El pensamiento conlleva un imperativo moral. El buscador de la verdad debe estar dispuesto a obedecerla sin reservas o esta se le escapará. Si se niega a seguir la luz, se condenará a la oscuridad. El cobarde puede ser astuto o inteligente, pero nunca podrá ser un pensador sabio, porque la sabiduría es en el fondo algo moral y no tendrá trato con el mal.

Insisto, el pensador religioso eficaz debe poseer cierto grado de conocimiento. Un proverbio chino dice: "Aprender sin pensar es una trampa; pensar sin aprender es un peligro". He conocido cristianos con mentes agudas pero perspectivas limitadas que vieron una verdad y, al no poder relacionarla con otras verdades, se convirtieron en extremistas tozudos que cultivaban su pequeña parcela, creyendo ingenuamente que la pequeña cerca de su terreno rodeaba toda la tierra.

Para pensar correctamente es necesario conocer o al menos descubrir el significado de lo que Kant llamó "los cielos estrellados arriba y la ley moral interior". Agregue a esto un conocimiento profundo de las Escrituras, un buen sentido histórico y cierto contacto íntimo con la fe cristiana tal como se practica actualmente y tendrá la materia prima para el pensamiento creativo. Aun así, esto no es suficiente para formar un pensador.

El hombre es un adorador y solo en el espíritu de adoración encuentra liberación para todos los poderes de su asombroso intelecto. Un escritor religioso nos ha advertido que puede ser fatal "confiar en el laborioso trabajo de ardilla del cerebro más que en la visión penetrante del corazón deseoso". El padre de la iglesia griega, Nicéforo, enseñó que debemos aprender a pensar con el corazón. "Obliga a tu mente a descender al corazón", dice, "y a permanecer allí ... Cuando entres así en el lugar del corazón, da gracias a Dios y, alabando su misericordia, continúa siempre haciendo esto, y te enseñará cosas que de otra manera nunca aprenderás".

Se ha convertido en un cliché decir que la fe cristiana está llena de aparentes contradicciones, comúnmente llamadas paradojas. Una de esas paradojas es la necesidad de repudiarnos a nosotros mismos y depender totalmente de Dios y, al mismo tiempo, tener completa confianza en nuestra propia capacidad para recibir, conocer y comprender con las facultades que el propio Dios nos ha dado. Ese tipo de humildad que hace que un hombre desconfíe de su propia mentalidad —al punto de llegar a la desconfianza moral y la irresolución crónica— no es más que una débil parodia de la realidad. Es una reflexión seria sobre la sabiduría y la bondad de Dios cuestionar su obra. "¿Dice, acaso, el barro al alfarero: Qué haces?".

Una mentalidad religiosa caracterizada por la timidez y la falta de audacia moral nos ha dado un cristianismo flojo, intelectualmente empobrecido, aburrido, repetitivo y, para muchas personas, simplemente aburrido. Esto se vende como la fe misma de nuestros padres en descendencia lineal directa de Cristo y los apóstoles. Damos de comer con cuchara este insípido alimento a nuestra inquisitiva juventud y, para hacerlo agradable, lo condimentamos con diversiones carnales robadas al mundo incrédulo. Es más fácil entretener que instruir, es más fácil seguir el gusto público degenerado que pensar por uno mismo, por eso muchos de nuestros líderes evangélicos dejan que sus mentes se atrofien mientras mantienen sus dedos ágiles operando trucos religiosos para atraer a las multitudes curiosas.

Bueno, me atrevo a hacer una profecía: las ovejas pronto se cansarán tanto del trébol marchito que les estamos dando como del color artificial que le estamos rociando para que parezca fresco. Y cuando se enfermen lo suficiente como para abandonar nuestros pastos, el Padre divino, el señor Carreño y los de su especie los verán como lo que son: víctimas fáciles.

El cristianismo debe abrazar la personalidad total y dominar cada átomo del ser redimido. No podemos apartar nuestro intelecto del altar ardiente y aún esperar preservar la verdadera fe de Cristo.

CAPÍTULO 24

LA AVISPA Y EL MIEMBRO DE LA IGLESIA

U na vez, mientras caminaba entre las colinas de un estado del sureste, noté un trozo de papel blanco tirado al borde del camino.

Su presencia allí fue, dadas las circunstancias, tan inesperada que despertó mi curiosidad. Lo agarré y encontré escritas, con letra clara y legible, estas palabras: "En todo el mundo solo hay dos criaturas que son más grandes cuando nacen que cuando crecen; una es la avispa y la otra es el miembro de la iglesia".

Ignoro si se trataba de una gema perdida extraída de un sermón pronunciado en una iglesia en algún lugar entre las colinas o en el pueblo cercano, o si había sido colocada allí por algún filósofo amigo que había observado mi acercamiento y la había dejado allí para mi edificación. Probablemente nunca lo sabré, pero lo encontré más que interesante.

Como nunca fui apicultor, no puedo juzgar la veracidad de la afirmación de que una avispa recién nacida es más grande que una adulta; pero la parte acerca del miembro de la iglesia la encuentro demasiado cierta para ser divertida o incluso graciosa.

Conociendo como yo a la buena gente del campo y estando familiarizado con su terminología religiosa, estoy seguro de que el escritor del epigrama quiso que la expresión "miembro de la iglesia" se entendiera como sinónimo de cristiano, y pretendía decir que su experiencia le había enseñado que el cristiano promedio perdió "tamaño" y se volvió menos cristiano más tarde que cuando se convirtió al principio.

¿Por qué tantos nuevos conversos entusiastas pierden su fuerza y se adaptan a una vida religiosa aburrida y rutinaria? ¿Por qué pierden su celo inicial y aceptan el promedio muerto de espiritualidad subnormal que ven en ellos como lo mejor que pueden esperar mantener en este mundo actual? ¿Por qué a menudo son "más pequeños" después de haber estado en camino durante varios años que cuando comenzaron su viaje hacia la ciudad celestial?

Ahora bien, no insisto en que mi descripción se aplique a todos los cristianos. De hecho, creo que nuestro escritor ungido estaba cubriendo demasiado territorio cuando dio la impresión de que todos los miembros de la iglesia se hacen más pequeños a medida que envejecen. No creo que todos lo hagan, pero el hecho de que algunos lo hagan es suficiente para perturbar a quien ama la iglesia y lleva el bienestar de los santos en su corazón; y el hecho de que alguno lo haga exige oración y una investigación cuidadosa.

¿Será que después de una conversión gozosa muchos, sin saberlo, se han enamorado de su experiencia más que fijar sus ojos en el Señor? Luego, cuando la novedad desaparece de su experiencia, la alegría y el entusiasmo se esfuman de sus vidas. Lo que se les debe enseñar es que un verdadero cristiano se convierte a Cristo, no a la paz, al descanso ni al gozo. Estas cosas vendrán a su tiempo, pero volverán a desaparecer a menos que la mirada se fije en Cristo, que es la fuente y origen de todos los deleites espirituales.

Cada emoción tiene su reacción y cada experiencia placentera se atenuará después de un tiempo. El organismo humano está construido de esa manera y no hay nada que podamos hacer al respecto. Es bien sabido que el segundo año de matrimonio suele ser el más crítico, porque entonces la excitación inicial se ha disipado en la relación y la joven pareja no ha tenido tiempo de adquirir un nuevo conjunto de intereses comunes ni de aprender a aceptar una vida más estable, aunque menos emocional.

Solo el estar absorto en Dios puede mantener un entusiasmo espiritual perpetuo porque solo Dios puede proporcionar novedad eterna. En Dios cada momento es nuevo y nada envejece. De las cosas religiosas podemos cansarnos; incluso la oración puede agotarnos; pero Dios nunca. Él puede mostrarnos un nuevo aspecto de su gloria cada día durante todos los días de la eternidad y aun así habremos comenzado a explorar las profundidades de las riquezas de su ser infinito.

Si ofrecemos a nuestros conversos algo además de Cristo o en lugar de Cristo, no deberíamos decepcionarnos si no progresan bien o no duran mucho. La novedad pronto desaparece de todo, por precioso que sea. Cuando el interés comienza a flaquear, tratamos de recuperarlo mediante exhortaciones ardientes. Por mi parte, reconozco que estoy cansado de las conocidas charlas religiosas motivacionales. Estoy hastiado de que me azoten, de que me insten a trabajar más duro, a orar más, a dar más generosamente, cuando el orador no me muestra a Cristo. Esto seguramente conducirá a un punto de rendimiento decreciente y nos dejará exhaustos y un poco aburridos de todo. Y a partir de ahí fácilmente podemos retroceder hasta volvernos más pequeños y menos fervientes que cuando nos convertimos al principio.

He pasado muchas horas incómodas en reuniones de oración escuchando a mis hermanos suplicar por bendiciones; sin embargo, toda oración es cómoda cuando el corazón tiene comunión con Dios y los ojos internos miran su rostro bendito. He sufrido durante muchos sermones aburridos y tediosos, pero ningún sermón es pobre o largo cuando el predicador me muestra la belleza de Jesús. Una visión de su rostro inspirará amor, celo y anhelo de crecer en la gracia y el conocimiento de Dios.

La suma de todo esto es que nada puede preservar el dulce sabor de nuestra primera experiencia excepto estar preocupados por Dios mismo. Nuestro pequeño riachuelo seguramente se secará a menos que lo repongamos con la fuente. Que el nuevo converso sepa que si quiere crecer en vez de encogerse, debe pasar sus noches y sus días en comunión con el Dios Triuno.

CAPÍTULO 25

LA ARTIFICIALIDAD ES UNA ENFERMEDAD DEL ALMA

Cuando era joven y comenzaba a observar la escena humana, una cosa que me llamó poderosamente la atención fue la artificialidad de los predicadores. Me parecía que el mundo que habitaban siempre estaba alejado de la realidad.

No me crié en un hogar cristiano y, por lo tanto, no estaba acostumbrado al lenguaje convencional de la religión; y cuando oía un sermón ocasionalmente, lo escuchaba con un oído no embotado por la familiaridad. Qué extraños me sonaban los predicadores, qué artificiales sus tonos y qué antinatural su conducta.

Eran hombres, obviamente, pero carecían por completo de la franqueza y la sinceridad que tan bien conocía en otros hombres. Faltaba el enfoque audaz, de hombre a hombre. Parecían temer a algo, aunque no podía decir a qué, porque ciertamente las personas mansas, pacientes y casi indiferentes que los escuchaban eran bastante inofensivas. De todos modos, nadie prestaba mucha atención a lo que decían. Estoy seguro de que si uno de ellos hubiera intercalado astutamente en su sermón fragmentos perdidos del discurso de Gettysburg repetidos al revés, pocos de los presentes se habrían dado cuenta o se habrían preocupado. Sin embargo, hablaban con tanta cautela y recelo que daba la impresión de que preferían permanecer en silencio para siempre antes que ofender a alguien. Después de escuchar a algunos de ellos de vez en cuando, supe el significado del dicho francés (aunque no lo escuché hasta muchos años después) que reza: "Hay tres sexos: hombres, mujeres y predicadores".

Ahora bien, estoy totalmente a favor de los predicadores y no espero que sean perfectos, pero también estoy absolutamente a favor de la franqueza. Creo que es muy improbable que alguien que habla con cautela pueda hablar con eficacia. Su timidez desactivará su esfuerzo y lo volverá impotente.

Es cierto que la iglesia ha sufrido a causa de hombres belicosos que prefieren luchar que orar, pero ha sufrido más por parte de predicadores tímidos que prefieren ser amables a tener razón. Estos últimos han hecho más daño aunque solo sea por el hecho de que son muchos más. Sin embargo, no creo que debamos elegir entre los dos. Es totalmente posible tener amor y valor al mismo tiempo, ser verdadero y fiel a la vez. "Que vuestra palabra sea siempre con gracia, sazonada con sal" (Colosenses 4:6 RVR1960). Es la ausencia de sal lo que hace que gran parte de nuestra predicación sea insípida y aburrida. "¿Puede comerse sin sal la comida desabrida? ¿Tiene algún sabor la clara de huevo?" (Job 6:6).

Nuestras escuelas teológicas pueden tener la culpa de esto. Se esfuerzan por formar predicadores que sean todo para todos los hombres en un sentido en el que Pablo nunca pensó. Quieren que sus alumnos sean cultos aunque eso los mate y comienzan por escurrir toda la sal y dejar solo una dulzura y una luz que a algunos de nosotros no nos parece ni dulce ni ligera. Todo lo natural se refina en la medida de lo posible. Se elimina todo matiz del discurso, toda angulosidad se elimina cuidadosamente del lenguaje. El joven está entrenado para gesticular con gracia, sonreír levemente y sonar erudito. El lenguaje directo que los hombres utilizan naturalmente cuando hablan entre sí se elimina y se sustituye por una jerga vaga y forzada. El resultado total es artificialidad e ineficacia.

Pero volvamos a mi propia experiencia: fue por la misericordia de Dios que más tarde se me permitió escuchar a un evangelista que era completamente humano y que les hizo a sus oyentes el cumplido de asumir que ellos también lo eran. Sabía lo que quería decir y lo dijo sin miedo; y la gente entendió lo que quería decir y lo tomó o lo dejó. Gracias a Dios, un buen número de ellos lo aceptaron.

Todo hombre que se levante para proclamar la Palabra debe hablar con algo de la audaz autoridad de la propia Palabra. La Biblia es el libro del amor supremo, pero al mismo tiempo es completamente franca y sincera. Sus escritores nunca son groseros ni crueles, pero invariablemente son honestos y completamente sinceros. Un gran sentido de urgencia impregna todo lo que escriben. Están profundamente preocupados por las decisiones morales. El protocolo les interesa menos que la gloria de Dios y el bienestar del pueblo.

Uno se siente tentado a ofrecer consejos al joven predicador para evitar que se convierta en un simple proveedor de temas religiosos artificiales, pero una consideración más profunda muestra cuán inútil sería eso. Se podría instarlo a estudiar a los mejores escritores y oradores, a esforzarse por ser original, a mirar las cosas antes de hablar de ellas, a evitar clichés, a hablar en lengua vernácula; pero eso es perder por completo el punto. La artificialidad religiosa no es una cosa técnica sino profundamente humana y espiritual. Es una enfermedad del alma y solo puede ser curada por el Médico de las almas.

Para escapar de la trampa de la artificialidad es necesario que el hombre disfrute de una experiencia personal satisfactoria con Dios. Debe estar totalmente comprometido con Cristo y profundamente ungido con el Espíritu Santo. Además, debe ser liberado del temor al hombre. El foco de su atención debe ser Dios y no los individuos. Debe dejar que todo lo que le es querido salga a relucir en cada sermón. Debe predicar de tal manera que ponga en peligro su futuro, su ministerio e incluso su vida misma. Debe responsabilizar a Dios de las consecuencias y hablar como alguien que no tendrá mucho tiempo para hablar antes de ser llamado a juicio. Entonces la gente sabrá que está escuchando una voz y no un simple eco.

CAPÍTULO 26

SE BUSCA: VALENTÍA CON MODERACIÓN

E l pecado ha hecho un trabajo bastante completo al arruinarnos y el proceso de restauración es largo y lento.

Las obras de gracia en la vida del individuo tal vez nunca sean tan claras y definidas, pero —en efecto— es la labor de Dios hacer que el corazón una vez caído vuelva a la semejanza divina. En nada se ve esto más claramente que en la gran dificultad que experimentamos para lograr la simetría espiritual en nuestras vidas. La incapacidad, incluso de las almas más devotas, para mostrar las virtudes cristianas en igual proporción y sin mezcla de cualidades no cristianas ha sido fuente de dolor para muchos creyentes en Dios.

Las virtudes que tenemos ante nosotros, el valor y la moderación, cuando se mantienen en la proporción correcta, contribuyen a una vida equilibrada y de gran utilidad en el reino de Dios. Cuando uno falta o está presente solo en un grado mínimo, el resultado es una vida desequilibrada y unos poderes desperdiciados.

Casi cualquier escrito sincero, si se examina detenidamente, resultará autobiográfico. Sabemos mejor lo que nosotros mismos hemos experimentado. Este artículo no es una excepción. También puedo admitir francamente que es autobiográfico, porque el lector perspicaz descubrirá la verdad por mucho que intente ocultarla.

115

En pocas palabras, rara vez me han llamado cobarde, ni siquiera mis enemigos más cordiales, pero mi falta de moderación a veces ha causado dolor a mis amigos más queridos. Una disposición extrema no es fácil de domar, y la tentación de recurrir a métodos severos e inmoderados en ayuda del Señor no es fácil de resistir. La tentación se ve reforzada aún más por el conocimiento de que es casi imposible inmovilizar a un predicador y hacerle tragar sus palabras. Hay una inmunidad ministerial concedida a un hombre de Dios que puede llevar a Boanerges a usar un lenguaje extravagante e irresponsable a menos que utilice medidas heroicas para poner su naturaleza bajo el dominio del Espíritu de amor. A veces no he podido hacerlo, siempre para mi verdadero dolor.

Aquí nuevamente se ve el contraste entre los caminos de Dios y los del hombre. Aparte de la sabiduría que puede darnos la experiencia dolorosa, tendemos a tratar de asegurar nuestros fines mediante el ataque directo, a precipitarnos en el campo y ganar mediante el asalto. Esa era la manera de Sansón, y funcionó bien excepto por un pequeño descuido: ¡mató al vencedor junto con el vencido! Hay sabiduría en el ataque de flanco, pero una sabiduría que el espíritu imprudente probablemente rechazará.

De Cristo se dijo: "No gritará, ni alzará, ni hará oír su voz en la calle. No quebrará la caña cascada, ni apagará el pábilo que humea; traerá el juicio a verdad" (Isaías 42:2-3 RVR1960). Logró sus tremendos propósitos sin mucho esfuerzo físico y, absolutamente, sin violencia. Toda su vida estuvo marcada por la moderación; sin embargo, fue de todos los hombres el más valiente. Podía enviar un mensaje a Herodes que lo había amenazado, diciéndole: "Vayan y díganle a ese zorro: 'Mira, hoy y mañana seguiré expulsando demonios y sanando a la gente. Al tercer día terminaré lo que debo hacer'" (Lucas 13:32). Aquí vemos una valentía consumada, pero sin desafío ni señal de desprecio, ni extravagancia de palabra o acto. Tuvo coraje con moderación.

El fracaso en lograr el equilibrio entre estas virtudes ha causado mucho mal en la iglesia a lo largo de los años y el daño es aún mayor cuando se involucran los líderes de la iglesia. La falta de valentía es una falla grave y puede ser un verdadero pecado cuando lleva a transigir en la doctrina o la práctica. Sentarse en aras de la paz y permitir que el enemigo se lleve los vasos sagrados del templo nunca debe consentirlo un verdadero hombre de Dios. La moderación al punto de rendirse en lo que respecta a las cosas santas ciertamente no es una virtud; pero la porfía nunca venció cuando la batalla era celestial. La furia del hombre nunca promovió la gloria de Dios. Hay una forma correcta de hacer las cosas y nunca es la violenta. Los griegos tenían un dicho famoso: "La moderación es lo mejor"; y el proverbio hogareño del granjero, "Con calma", contiene una riqueza de profunda filosofía.

Dios ha usado, y sin duda seguirá usando, a los hombres a pesar de que no han logrado mantener estas cualidades con el equilibrio adecuado. Elías era un hombre valiente; nadie podría dudarlo, pero tampoco nadie sería tan temerario como para afirmar que era un hombre paciente o moderado. Salió adelante mediante el asalto, el desafío, y no estuvo por encima de la sátira y el abuso cuando pensó que ayudaría a las cosas; pero cuando el enemigo se sintió confundido, cayó en picada y se hundió en las profundidades de la desesperación. Ese es el camino del carácter extremo, del hombre de coraje sin moderación.

Elí, por el contrario, era un hombre moderado. No podía decir "no" ni siquiera a su propia familia. Le encantaba la paz aunque fuera débil y una cruda tragedia fue el precio que pagó por su cobardía. Ambos hombres eran buenos, pero no pudieron encontrar el feliz término medio. De los dos, el fogoso Elías era ciertamente el más grande. Es doloroso pensar lo que habría hecho Elí en las circunstancias de Elías. ¡Yo podría sentir lástima incluso por Ofni y Finees si Elías hubiera sido su padre!

Esto nos lleva lógicamente a pensar en Pablo, el apóstol. He aquí un hombre a quien nunca debemos subestimar. Parece haber tenido un valor casi perfecto junto con una disposición paciente y una paciencia verdaderamente divina. Lo que podría haber sido sin la gracia se ve en la breve descripción que se hizo de él antes de su conversión. Después de haber ayudado a apedrear a Esteban hasta que murió, salió a cazar cristianos, "pero respirando amenazas" (Hechos 9:1). Incluso después de su conversión, era capaz de emitir juicios sumarios cuando tenía fuertes opiniones sobre una cuestión. Su brusco rechazo por Marcos después de su regreso del trabajo, fue un ejemplo de su manera de tratar con hombres en quienes había perdido la confianza. Pero el tiempo, el sufrimiento y una intimidad cada vez mayor con su paciente Salvador parecen haber curado esa falta en el hombre de Dios. Sus últimos días fueron dulces, llenos de amor y fragantes de paciencia y caridad. Así debería ser con todos nosotros.

Es significativo que la Biblia no dé ningún registro de que un cobarde haya sido curado alguna vez de su enfermedad. Ningún "alma tímida" jamás se convirtió en un hombre valiente. A veces se cita a Pedro como una excepción, pero no hay nada en su registro que lo señale como un hombre tímido ni antes ni después de Pentecostés. Es cierto que rozó el límite una o dos veces, pero en general fue un hombre de un coraje tan explosivo que siempre estuvo en problemas por su audacia. Es demasiado conocido que en este momento la iglesia necesita hombres valientes para que sea necesario repetirlo. El miedo se cierne sobre la iglesia como una antigua maldición. Temor por nuestra vida, miedo por nuestros trabajos, miedo a perder popularidad, miedo unos de otros: estos son los fantasmas que acechan a los hombres que hoy ocupan lugares de liderazgo en la iglesia. Muchos de ellos, sin embargo, se ganan la reputación de ser valientes repitiendo cosas seguras y esperadas con una audacia graciosa.

Sin embargo, el coraje consciente de sí mismo no es la cura. Cultivar el hábito de "llamar las cosas por su nombre" puede simplemente resultar en que nos convirtamos en una molestia y hagamos mucho daño en el proceso. El ideal parece ser una audacia silenciosa que no es consciente de su propia presencia. Una que obtiene su fuerza en cada momento del Espíritu que mora en ella y apenas es consciente de sí misma. Tal audacia será también paciente, equilibrada y segura de los extremos. Que Dios envíe sobre nosotros un bautismo de esa valentía.

CAPÍTULO 27

TODOS PENSAMOS EN CÍRCULOS

A menudo se culpa a los ministros y escritores religiosos por repetir lo mismo. La implicación es que una idea, una vez anunciada, debe dejarse atrás y no volver a mencionarse para siempre, siendo la noción, aparentemente, que las ideas son como los cumpleaños: nadie puede tener el mismo dos veces, o si lo tiene, algo anda mal con su memoria o su franqueza.

La verdad es que todos pensamos en círculos. Es totalmente imposible que alguien siga un hilo de pensamiento y se aleje en línea recta desde el punto de partida. Todos estamos obligados por la estructura de nuestra mente a movernos alrededor de un círculo, pasando de vez en cuando por las mismas ideas, que nos parecen puntos de referencia queridos y familiares.

Solo hay relativamente pocas ideas accesibles a la humanidad, las que constituyen todo el tejido del pensamiento humano posible para cualquiera, desde un colegial hasta Platón. Se pueden agregar nuevos hechos a la suma de nuestro conocimiento día a día hasta el final de nuestras vidas, pero estos no pueden hacer más que ampliar un poco el tapiz; no pueden cambiar el color ni alterar el patrón apreciablemente. La grandeza radica en la capacidad de combinar y recombinar ideas antiguas y familiares para formar bellezas nuevas y "originales".

Esto no quiere decir que todos los hombres sean iguales a la hora de que surgen las ideas. Ciertamente no lo son. Algunos intentan tejer con solo una pequeña fracción del número de ideas que podrían poseer si aprovecharan las oportunidades que les brinda la vida; en consecuencia, sus tapices son aburridos y monótonos. Pero el erudito más perspicaz o el pensador más profundo nunca tiene más que unas cuantas ideas importantes con las cuales trabajar.

Si la mera afirmación de este hecho tiende a desanimar a alguien, recordemos que los más grandes artistas de antaño se vieron obligados a pintar sus famosas obras maestras con solo siete colores básicos. Su genio les permitió crear innumerables combinaciones y matices, pero nunca encontrar nuevos colores. Y las poderosas obras de Beethoven o Donizetti no son más que un puñado de tonos musicales hábilmente combinados.

De modo que el arte creativo del genio, así como los pensamientos más humildes del ministro menos dotado, deben moverse alrededor del círculo conocido. Y esto es cierto en todos los campos del pensamiento humano, incluida la teología cristiana. Hay, por ejemplo, ciento cincuenta salmos en nuestra Biblia, cada uno de los cuales es un tesoro en sí mismo e inestimablemente precioso para el corazón adorador. Sin embargo, si elimináramos toda repetición, podríamos reducir la colección completa a media docena o menos. Los mismos pensamientos brillantes ocurren una y otra vez, como los colores de un cuadro o las notas de una sinfonía; pero nunca cansan la mente que está encendida en el amor de Dios; cada viejo y dulce pensamiento parece tan nuevo y fresco como si lo hubiésemos descubierto solo un momento antes.

En el Nuevo Testamento ocurre lo mismo. Si algún crítico decidiera arbitrariamente que no permitiría que Pablo expresara la misma idea dos veces, sus trece epístolas podrían acortarse de las ochenta páginas que ahora ocupan en la Biblia promedio a unas pocas sorprendentemente. Sin embargo, a ningún cristiano se le ocurriría permitir tal ultraje. Queremos que todas las epístolas paulinas queden tal como están. Las ideas que contienen no son muchas, pero son como los pilares que sostienen el universo, y desde ellos se eleva el imponente templo de la doctrina cristiana a cuya sombra los hombres han vivido por siglos sus vidas gozosas y por cuyo bien han puesto con gusto sus vidas cuando ha sido necesario.

Insisto, el himnario revela la misma fortuna de belleza que crece en salvaje profusión a partir de unas pocas ideas fundamentales. Mire el índice de cualquier himnario bien editado y verá que los himnos que allí se encuentran cubren relativamente pocos temas: Dios, Cristo, el Espíritu Santo, la cruz, la resurrección, etc. Examine cualquier himno, diez de ellos o cien, en busca de ideas teológicas reales, y hallará solo unas pocas; pero cuando se combinan y se aplican a las necesidades humanas o se ofrecen como expresión lírica de adoración amorosa, estas pocas ideas son todo lo que necesitamos para este mundo y el próximo. Así que cantamos en círculos felices, y la recurrencia de lo familiar, en vez de aburrirnos, en realidad sirve para deleitarnos como la vista de casa después de un corto tiempo fuera.

Algunos predicadores tienen tal fobia a la repetición y un miedo tan antinatural a lo familiar que siempre están buscando lo extraño y sorprendente. La página de la iglesia en las redes sociales casi cualquier sábado seguramente anunciará al menos uno o dos temas de sermones tan desviados que resultarán positivamente grotescos; solo mediante el más atrevido vuelo de la imaginación incontrolada se puede establecer alguna relación entre el tema y la fe en Cristo. No nos atrevemos a cuestionar la honestidad o la sinceridad de los hombres que baten sus cortas alas tan rápidamente en un esfuerzo por despegar hacia el azul salvaje, pero deploramos sus actitudes. Nadie debería intentar ser más original que un apóstol.

CAPÍTULO 28

EL ESNOBISMO EVANGÉLICO

Nosotros, los hijos de Adán, somos un grupo malo. Una prueba convincente de nuestra maldad inherente es la forma en que logramos convertir el bien en mal y hacer de nuestras bendiciones una maldición para nosotros. De hecho, creo que se podría argumentar de manera convincente que el pecado es simplemente la negación o inversión de lo que es correcto y que el mal es una distorsión o desviación del bien. El pecado es, en definitiva, el abuso de cosas inocentes en sí mismas; es un uso ilegítimo de unos dones legítimos.

Nosotros, los cristianos, estamos cortados por la misma tijera que el resto de la humanidad, y si bien se nos ha hecho partícipes de una nueva naturaleza, todavía no hemos sido despojados por completo de la vieja. Por esta razón estamos bajo la constante tentación de caer en la carne y manifestar la vieja naturaleza en vez de la nueva. Conozco los argumentos en contra de esto, pero nunca me han parecido muy convincentes, sobre todo cuando quienes los presentan probablemente revelen evidencias bastante claras de la vieja naturaleza antes de que termine el argumento.

Debido a que somos tan humanos, existe el peligro real de que sin darnos cuenta hagamos lo humano y pongamos patas arriba nuestras bendiciones. A menos que vigilemos y oremos con toda seriedad, podemos convertir nuestro bien en mal y hacer de la gracia de Dios una trampa en lugar de un beneficio.

Entre los dones más puros que hemos recibido de Dios está la verdad. Otro don casi tan precioso, y sin el cual el primero carecería de sentido, es nuestra capacidad de captar esa verdad y apreciarla. Por estos tesoros invaluables deberíamos estar profundamente agradecidos; por ellos nuestro agradecimiento debe elevarse al Dador de todos los buenos dones durante el día y la noche. Y debido a que estas y todas las demás bendiciones fluyen hacia nosotros por gracia —sin mérito ni valor de nuestra parte—, debemos ser muy humildes y velar con cuidado para que esos favores inmerecidos, si no los apreciamos, nos sean quitados.

Los hombres son notoriamente carentes de gratitud. La historia bíblica revela que Israel a menudo tomaba los dones de Dios con demasiada indiferencia y por eso convertía sus bendiciones en maldición. Esa falta humana aparece también en el Nuevo Testamento y las actividades de los cristianos a lo largo de los siglos muestran que, así como Cristo fue seguido por Satanás en el desierto, la verdad suele ir acompañada de una fuerte tentación al orgullo. La verdad misma que hace libres a los hombres puede ser, y a menudo es, encadenada para mantenerlos en esclavitud. Y nunca lo olvide: no hay orgullo tan insidioso y, sin embargo, tan poderoso como el de la ortodoxia.

La presunción es hija del orgullo. Al principio el orgullo puede ser ansioso y ambicioso mientras intenta hacerse un lugar o demostrar que ya lo ha alcanzado. Luego pierde su carácter entusiasta y se vuelve defensivo. Finalmente deja de luchar o defenderse y acepta su propia imagen de sí mismo como algo demasiado bien establecido para discutirlo y demasiado hermoso para mejorarlo. Cuando llega a esa etapa, ha producido un presuntuoso, y ningún presuntuoso se da cuenta jamás de que lo es.

La presunción cuyo reclamo de superioridad son sus posesiones materiales, es una figura cómica, pero debido a que es tan patética, con un poco de esfuerzo puede ser tolerada. La presunción cuya gloria reside en sus antepasados es menos fácil de soportar, pero se la puede desestimar con el comentario de que, dado que lo único de lo que tiene que estar orgullosa son sus antepasados, la mejor parte de ella está bajo tierra. Pero ¿qué diremos del presuntuoso intelectual? Es insoportable, es un tipo difícil de amar e imposible de agradar.

En los últimos tiempos ha surgido una nueva escuela de cristianismo evangélico que me parece que corre grave peligro de producir una excelente cosecha de presumidos intelectuales. Los discípulos de esa escuela son de credo ortodoxo, si con esto queremos decir que sostienen los principios fundamentales de la fe histórica; pero ahí termina la similitud de su escuela con el cristianismo del Nuevo Testamento. Su espíritu es muy distinto al de la iglesia primitiva.

Esta nueva generación de cristianos puede identificarse por ciertas características específicas. Una es el hábito de inflar el pecho y emitir un sonido que suena sospechosamente a un cacareo. Otra es la costumbre de anidar tan alto que los cristianos comunes y corrientes tienen dificultades para localizar el nido y, cuando lo hacen, no pueden subir hasta él. Además, su canto también llama la atención porque se compone casi exclusivamente de imitaciones. Rara vez uno de ellos logra entonar una nota original, pero cada uno espera escuchar lo que Barth o Brunner o Bultmann o Tillich tienen que decir y luego lo imitan lo más que puedan, transponiéndolo únicamente a su clave ortodoxa. Su llamada de apareamiento es un estridente anhelo por unirse a ciertas tendencias, ideas o prácticas mostrando un comportamiento conformista, lo cual sucede gran parte del año académico en muchas instituciones evangélicas de educación superior.

Lo que esta nueva escuela pasa por alto es que la verdad no es solo mental sino también moral. El Credo de los Apóstoles citado con orgullo, aunque es verdadero, no lo es para quien así lo cita; falta una cualidad indispensable: la humildad. Un hecho teológico se convierte en verdad espiritual solo cuando es recibido por una mente humilde. La mente orgullosa, por ortodoxa que sea, nunca podrá conocer la verdad espiritual. La luz no significa nada para un ciego.

En la vida cristiana sabemos más cuando sabemos que no sabemos, y entendemos mejor cuando sabemos que entendemos poco y que hay muchas cosas que nunca entenderemos. En las

Escrituras el conocimiento es una especie de experiencia y la sabiduría tiene un contenido moral. El conocimiento sin humildad es vanidad. La presunción religiosa está desprovista de verdad. La presunción y la verdad son irreconciliables.

CAPÍTULO 29

CREO EN LA HERMANDAD DEL HOMBRE

S iglos antes de que comenzara la actual fiesta de amor entre las razas, altamente consciente y, en algunos sectores, legalmente impuesta, el apóstol Pablo —un judío— les estaba diciendo a los griegos en Atenas: "El Dios que hizo el mundo y todo lo que hay en él es Señor del cielo y de la tierra. No vive en templos construidos por hombres" (Hechos 17:24, 26).

Por lo tanto, ese descubrimiento sociológico moderno —la unidad y la igualdad de todos los hombres o, lo que es lo mismo, la inclusión— es algo muy antiguo y no, como se afirma, un concepto nuevo y avanzado ni una prueba del progreso humano.

Al enseñar que todos los hombres tienen un origen común, la Biblia —como de costumbre— se anticipó en varios miles de años a todo lo que se dice hoy acerca de la hermandad humana. El libro del Génesis establece como hecho histórico que la raza humana comenzó con la pareja original, Adán y Eva. Todo lo que ahora vive o ha vivido desciende de aquellos primeros padres. Según la Biblia, no se ha introducido en el organismo humano ninguna cepa no adámica que pudiera haber causado diferencias básicas entre los hombres. Antes del diluvio de Noé, Dios agrupaba a los habitantes humanos de la tierra bajo el título genérico de hombre. "Y vio DIOS que la maldad del hombre era grande en la tierra"

(Génesis 6:5 RVR1960). Después del Diluvio volvió a referirse a todos los pueblos como *hombres*. "El que derramare sangre de hombre, por el hombre su sangre será derramada; porque a imagen de Dios fue hecho el hombre" (9:6).

La posterior separación de Israel del resto de la humanidad para cumplir los elevados propósitos de Dios no hizo ni podría hacer ninguna diferencia biológica entre judíos y gentiles. Todos los hombres surgieron de los lomos de Adán y nacen según el modelo humano. Si bien Israel recibió la adopción, la gloria y los pactos, la entrega de la ley, el servicio a Dios y las promesas, y aunque fue a través de Israel que vino el Redentor, Israel es biológicamente uno con el resto de la humanidad. Cristo reconoció esto y se llamó a sí mismo Hijo del Hombre. Él vino *a través* de Israel pero vino a la raza humana.

Todos los hombres, fundamentalmente, son uno. Todos ellos son miembros del mismo orden de vida creada y nunca pueden escapar de la unidad vital que existe entre ellos. No importa cómo se peleen entre sí, todavía están más cerca unos de otros de lo que jamás podrían estarlo de cualquier otro orden de vida creado. Son hermanos en Adán.

Este conocimiento no aclara en modo alguno el problema de las diferencias que existen entre individuos, etnias y naciones. Estas diferencias son solo incidentales y se encuentran en la superficie de nuestra vida común. Fisiológicamente tienen que ver con el tamaño, la forma del cuerpo, la estructura del cráneo y especialmente el color de la piel. A estas se han ido añadiendo a lo largo de los siglos diferencias adicionales como agrupaciones políticas, idiomas y costumbres sociales. Por insignificantes que sean, parecen lo suficientemente importantes como para causar un sin fin de miseria entre los hombres. Caín todavía mata a Abel y Jacob le roba a Esaú su primogenitura. Así ha sido siempre y así será siempre, digan lo que digan los soñadores sociales.

¿Y por qué debe ser siempre así? Porque la raza humana está moral y espiritualmente caída. La tan mencionada hermandad humana es una fraternidad de hombres caídos. Si la esperanza expresada en la pequeña y pegajosa canción se hiciera realidad y "el mundo se convirtiera en uno a través de una oración", todavía sería un mundo perdido. Si las Naciones Unidas estuvieran realmente unidas, seguirían siendo solo una confederación de naciones en rebelión contra Dios.

La idea misma de la hermandad humana, acerca de la cual un gran número de pseudofilósofos balan tan lastimeramente en estos días, en lugar de brindarnos consuelo debería infundirnos temor de Dios, porque hace mucho tiempo el apóstol Pablo fue inspirado a escribir: "Por medio de un solo hombre el pecado entró en el mundo y por medio del pecado entró la muerte; fue así como la muerte pasó a toda la humanidad, porque todos pecaron" (Romanos 5:12). La unidad de la humanidad consigo misma significa condena universal para todos sus miembros.

Por extraño que parezca, la esperanza para todos nosotros no reside en arrimarnos a la raza humana sino en renunciar por completo a la lealtad al mundo. Poner nuestra confianza en una hermandad de hombres condenados no es más que morir al fin con ellos.

Entre las palabras del mensaje cristiano son muy significativas las pequeñas preposiciones "desde", "fuera" y "hacia". El primer llamado del evangelio del Nuevo Testamento es al arrepentimiento del pecado, el siguiente es a la separación del mundo. Hasta que el hombre perdido no haya transferido su esperanza con la "unión" humana y la haya fijado en Cristo, no conocerá el gozo de los pecados perdonados ni la profunda seguridad de que ha sido reconciliado con Dios. Él debe desistir para que Dios impere en su persona.

La hermandad del hombre es un hecho, pero no implica ninguna esperanza para la raza humana. De esta vieja hermandad condenada, Cristo está llamando a sí mismo a un pueblo como posesión suya. Estos son hombres y mujeres redimidos y regenerados que se salvan al renunciar a la comunión adámica original, no cultivándola. En conjunto, forman una nueva raza humana, una hermandad de hombres rescatados que están relacionados con el mundo caído y, sin embargo, separados de él, como el arca de Noé estaba relacionada con las aguas del Diluvio y, sin embargo, separada de ellas.

CAPÍTULO 30

LOCURA
DE VERANO*

*Este capítulo apareció por primera vez en la revista The Alliance Witness
en 1937. Veintitrés años después (1960) se reimprimió porque, dijo el Dr. Tozer,
"aparentemente tuvo poco o ningún efecto, ya que las condiciones que describe han
empeorado año tras año. Y para hacer las cosas aún más serias, ahora se ha aceptado
como algo normal a las iglesias paralizadas... ¿Cuándo terminará este abuso?".
El artículo ha circulado ampliamente desde entonces y aún vale la pena repetirlo
ya que los creyentes han empeorado con eso que llamamos "vacaciones".

A medida que el sol hace su ascenso anual desde el sur, una
extraña inquietud se apodera de aquellos de nuestros ciudadanos que viven al norte de la línea Mason-Dixon (línea que
simboliza la división cultural y política entre el norte y el sur de
los Estados Unidos), y cuando finalmente llega el verano, esto se
ha convertido en una condición patológica que convierte al país
en una enorme jaula de ratones bailando. Una especie de locura se
apodera de la población y luego comienza ese frenético esfuerzo de
cuatro meses, por parte de todos, para llegar a algún lugar distinto
de donde se encuentran. Nadie se para a preguntar de qué se trata,
pero prácticamente todos los que no están en el hospital o en la cár-
cel se suman a la estampida general de todas partes hacia cualquier
lugar y regresan. Hablo de lo que conocemos como "vacaciones".

Un impulso irresistible nos mueve a la mayoría de nosotros como
granos de polvo arrastrados por el viento, y nos hace girar y agitarnos
de manera vertiginosa y peligrosa hasta que llega la primera helada
que madura la calabaza y hace regresar a casa las casas rodantes.

El viejo y robusto diácono que pasó toda su vida en el mismo pueblo donde nació ha fallecido y se ha ido para siempre. Existió antes de los días del nómada o gitano moderno. Los nuevos tiempos lo han eliminado con tanta certeza como los coches tirados por caballos o el periódico de papel. Su uso principal ya no tiene una función práctica y, en cambio, se le considera más como una pieza de historia que se exhibe en un museo.

Su error básico fue no tomar sus vacaciones. Necesitaba un cambio y un descanso, también un poco de recreación; pero como no había oído hablar de estas maravillosas ayudas actuales para la salud y la longevidad, se mantuvo ocupado, crio a diez niños sanos, trabajó en su propia granja, asistió a la iglesia cuatro veces por semana y logró leer uno o dos buenos libros por mes. Aunque no había podido descansar adecuadamente a intervalos anuales, todavía podía dispararle a una ardilla a cien metros de distancia sin lentes y correr una docena de veces cuando tenía ochenta y siete años. Cuando al fin murió, su familia y una gran cantidad de vecinos reales lo lloraron sinceramente, gente que aprendió a apreciar su valor al vivir a su lado durante toda la vida.

Cómo puede alguien afirmar que su nieto —que cambia de apartamento cada año y pasa las vacaciones recorriendo paisajes en una nube de humo— es igual a él en carácter y hombría; eso es algo que está más allá de toda comprensión. Las famosas líneas de Goldsmith cobran vigencia entre los individuos serios:

Mal le va a la tierra, presa de males acelerados,
Donde la riqueza se acumula y los hombres decaen.

Ahora creemos en la libertad garantizada por la Constitución y en el derecho inalienable de cada hombre a hacer lo que quiera siempre que se ajuste a la ley o a sus propias ideas. Si la mayoría de la población decide abandonar sus hogares y pasar todo su tiempo libre corriendo entre un lugar y otro, no hay nada que podamos hacer al respecto. Protestar ante eso es como soplar contra el viento o gritar contra el eco. Sin embargo, algunos de nosotros, los anticuados pertenecientes a una época más sana aunque más lenta, podemos ser perdonados si se nos permite derramar unas cuantas lágrimas sinceras por los estragos que esta locura de verano causa entre las iglesias de este agitado tiempo.

Aunque el hábito de las vacaciones es una moda y una maldición, aunque millones de personas cada temporada se toman vacaciones largas y costosas sin nada más extenuante que holgazanear, todavía estamos dispuestos a admitir que podría haber algún valor terapéutico en un viaje de vacaciones donde y cuando sea necesario. Seguramente no le envidiaría a la persona trabajadora un descanso de la rutina diaria.

Sin embargo, la triste verdad es que el hábito de las vacaciones, más la práctica de hacer viajes de fin de semana durante la temporada de verano, ha servido para paralizar a la iglesia de Dios durante varios meses al año. Unas iglesias cierran por completo, otras se ven obligadas a suspender los servicios nocturnos durante el verano y muchas se ven forzadas a realizar diversos eventos para tener una asistencia que justifique su existencia. Incluso las iglesias que proclaman el evangelio pleno están gravemente paralizadas y, en consecuencia, las finanzas van en números rojos, la moral sufre y la fe se reduce a cenizas.

Es difícil entender cómo un seguidor de Cristo puede justificarse al dejar su cruz con tanta frecuencia y descaradamente en estos tiempos del juicio del mundo. El ejército del Señor es el único en la tierra en el que los soldados esperan un permiso de cuatro meses en tiempo de guerra. Es un hecho irónico que precisamente en los meses del año en que Satanás está más ocupado los hijos de Dios son los más perezosos. El infierno recoge su cosecha durante la temporada de verano, mientras los pobres y sobrecargados herederos de todos los tiempos recorren el continente a ciento treinta kilómetros por hora en un sombrío esfuerzo por relajarse.

Si alguien me recordara que es durante el verano cuando se llevan a cabo las grandes convenciones y reuniones campestres, respondería que un período de diez días de diversión en una reunión de cristianos es un pobre sustituto de un verano de servicio fiel en la iglesia.

Es lamentable ver en cualquier mañana de domingo —durante el periodo de vacaciones— a un pastor desanimado que se para delante de los asistentes a la iglesia, tratando de parecer alegre ante la ausencia de la mitad de sus ayudantes. Y es un espectáculo tragicómico ver a un patético miembro de la iglesia arrodillarse un sábado por la tarde para agradecer a Dios por esa prosperidad que le permite abandonar la casa de Dios con más frecuencia de lo que podía hacerlo en sus años de escasez y, al mismo tiempo, orar por "misericordia en el viaje" mientras se aleja rápidamente de su puesto en la iglesia para estar en comunión con la naturaleza y divertirse a su modo.

Que la iglesia de Cristo sucumba tan completamente a esta locura de verano es prueba suficiente de nuestra baja condición espiritual. No es de extrañar que la gente del mundo sonría cínicamente cuando regresamos y nos ponemos a trabajar con ellos después de que comienza el clima frío. No nos toman en serio y tenemos que agradecernos a nosotros mismos su actitud.

¡Necesitamos un avivamiento! Uno que nos haga consagrarnos a Dios incluso ante peligro de muerte. Un avivamiento que nos haga rendir felizmente a la voluntad de Dios; un avivamiento que nos impulse a reírnos del sacrificio y que nos haga considerar un privilegio llevar —literalmente— la cruz de Cristo sobre nuestras espaldas. Estamos demasiado influenciados por el mundo y muy poco controlados por el Espíritu. Nosotros, los que creemos en la vida más profunda, no somos inmunes a las tentaciones de la comodidad y corremos el grave peligro de convertirnos en una generación de amantes del placer.

Quienes no estén de acuerdo con estas conclusiones están en su derecho y yo sería el último en negarles ese privilegio. Pero en nombre de tantas iglesias en dificultades y de pastores descorazonados, ¿no puedo pedir un poco más de lealtad a la iglesia local durante esta temporada de aprietos?

Que Dios levante un pueblo que consulte menos sus placeres y más las grandes necesidades. Conozco a un laico exitoso que se niega una y otra vez a realizar viajes de placer perfectamente legítimos porque no se atreve a dejar su clase de adolescentes de escuela dominical. Que Dios multiplique a hombres y mujeres así entre nosotros hasta que se elimine el oprobio de Egipto y se restablezca la confianza del hombre en nosotros.

CAPÍTULO 31

TODAS LAS VERDADES CONCUERDAN EN CRISTO

T oda verdad es una y las muchas verdades reveladas en las Sagradas Escrituras no son más que varias facetas de una sola verdad.

El seguidor de Cristo está llamado a abrazar todas las verdades y toda verdad. Es decir, debe abrir su corazón a la verdad de Dios y, una vez hecho eso, debe estar preparado para aceptar todas las verdades y no rechazar ninguna. Cuando una verdad parece contradecir a otra, el cristiano sabio no elegirá entre ellas, sino que creerá en ambas y esperará el día de Cristo para resolver lo que parecen ser sus diferencias.

Dondequiera que los hombres piensan y tratan de expresar sus pensamientos se revelan con nitidez dos tipos de mente: la científica y la poética. No quiero decir que todos los hombres sean poetas o científicos; más bien quiero decir que la mentalidad que caracteriza a un poeta es marcada en algunas personas, mientras que otras tienen una inclinación claramente científica. Puede que uno nunca escriba poesía ni el otro se dedique a actividades científicas, pero la inclinación está ahí.

El científico se preocupa por las diferencias, el poeta por las semejanzas. Este puede ver el mundo en un grano de arena; al otro le preocupa más el número y la composición de los granos de arena del mundo. Creo que esta diferencia no solo yace entre los hombres, sino también dentro de cada uno de los hombres. En cada uno de nosotros hay algo de científico y de poeta hasta que uno gana predominio y desplaza al otro. Entonces tenemos un individuo empeñado únicamente en el análisis o uno incapaz de analizar, un hombre completamente científico o completamente poeta, es decir, solo la mitad de un hombre.

Por desdicha, esta controversia entre el poeta y el científico, entre los hombres y dentro de cada hombre, se encuentra también en el campo de la fe. La Iglesia de Cristo no ha escapado al conflicto, sino que ha sido arrastrada y desgarrada por el juego de estas fuerzas contrarias. Se han levantado líderes fuertes para estampar sus imágenes en denominaciones enteras durante siglos, y el cuerpo de creyentes se ha dividido donde los líderes diferían. En un grupo se han ignorado o suprimido ciertas verdades para dejar más espacio a otras que se consideraban más importantes; en otro ha ocurrido lo mismo con un conjunto de verdades opuesto. Se ha producido una división grave.

Aquellos que insisten en ver el mundo en un grano de arena tienen sus seguidores serviles e irreflexivos, y los que se dedican tenazmente a la tarea de contar los granos de arena del mundo tienen los suyos. La textura moral y la complexión espiritual de los dos grupos son tan completamente diferentes entre sí que una persona desinformada, pero inteligente, que pudiera pasar algún tiempo con cada grupo podría ser perdonada por concluir que extrajeron sus creencias de diferentes biblias o tal vez incluso adoraron a dioses diferentes.

Hace algún tiempo cayó en mis manos un nuevo himnario. Procedía de un país lejano y parecía atractivo. Lo abrí con entusiasmo esperanzado con encontrar algún salmo, himno o canción espiritual poco común que no hubiera conocido antes, pero mi ilusión duró poco. El libro fue publicado por un grupo cristiano perteneciente a la escuela cuya doctrina es contar arena y pronto descubrí que cada himno era una lección prosaica destinada a adoctrinar al usuario en una visión estrecha y tergiversada del cristianismo. El aliento de la poesía sagrada estaba ausente del libro. No alzaba alas como un águila, sino que caminaba solemne y torpemente por el suelo. Las canciones originales que contenía eran sofocantes, tristes, desagradables y cargadas pesadamente con la media docena de doctrinas que este grupo en particular ha elegido para darle un énfasis constante y monótono. Lo peor de todo es que muchos de los viejos himnos favoritos estaban allí, pero tan destrozados y castrados que resultaban casi irreconocibles. Los editores no tocaron el arpa de David; más bien la utilizaron como un mazo para martillar doctrinas duras y angulosas en las cabezas de sus seguidores. No tenían la intención de que los himnos dieran alegría al cantante, solo que lo alinearan y lo hicieran correcto en su posición doctrinal.

Creo que la visión poco inspirada de la fe cristiana expuesta en un libro así es una verdadera tragedia para todos los involucrados, pero no podemos evitar las cosas yendo al extremo opuesto. No nos atrevamos a dar rienda suelta a nuestra imaginación indisciplinada en el lugar santo. No osemos traer fuego extraño al altar de Dios. No nos atrevamos a confiar en el maestro religioso no instruido que encuentra igual inspiración en la naturaleza (como por ejemplo, en el amanecer) y en el libro de Romanos; que da a Homero y a Shakespeare la misma autoridad que a los profetas y apóstoles de las Sagradas Escrituras.

Es necesario que escapemos tanto de las cadenas que impone seguir una rigidez textual como de la libertad irresponsable del emocionalismo anímico; es decir, el científico y el poeta. Para ello debemos aprender algunas cosas sencillas:

Las palabras no son verdad, sino cofres en los que se guarda la joya de la verdad. Dios nos hará responsables de los significados, no solo de los textos. Si Dios es difícil de satisfacer, también es fácil de agradar. El amor es más importante que la doctrina correcta, aunque no hay incompatibilidad entre ambas cosas: el amor sin la doctrina correcta es sentimentalismo y la doctrina correcta sin amor está muerta. Nuestros espíritus son más vastos que nuestros intelectos y pueden penetrar detrás del velo donde nuestros pensamientos conscientes no pueden llegar. Podemos creer todo lo que Dios ha revelado, por muy contradictorio que parezca, porque todas las verdades se encuentran y armonizan en la verdad, y "la verdad los hará libres" (Juan 8:32).

CAPÍTULO 32

LA FE SIN EXPECTATIVAS ESTÁ MUERTA

L a expectativa y la fe, aunque parecidas, no son idénticas. Un cristiano instruido no confundirá una cosa con otra.

La verdadera fe nunca se encuentra sola; siempre va acompañado de expectativa. El hombre que cree en las promesas de Dios espera verlas cumplidas. Donde no hay expectativas, no hay fe.

Sin embargo, es muy posible que haya expectativas donde no hay fe. La mente es muy capaz de confundir un fuerte deseo con la fe. De hecho, la fe, tal como se la entiende comúnmente, es poco más que un deseo combinado con un alegre optimismo. Algunos escritores se ganan la vida cómodamente promoviendo ese tipo de presunta fe que se supone crea la mente "positiva" en vez de la negativa. Sus efusiones son muy queridas por los corazones de aquellos miembros de la población que sufren una compulsión psicológica a creer y que logran vivir con los hechos solo con el simple recurso de ignorarlos.

La verdadera fe no es algo ilusorio o fantasioso, como los sueños; más bien es algo robusto, práctico y totalmente real. La fe ve lo invisible pero no ve la inexistencia. La fe compromete a Dios, la única gran Realidad, que dio y da existencia a todas las cosas. Las promesas de Dios se ajustan a la realidad, y quien confía en ellas entra en un mundo no de ficción sino de hechos.

En la experiencia común, llegamos a la verdad mediante la observación. Todo lo que pueda verificarse mediante experimentos se acepta como verdadero. Los hombres creen en el informe de sus sentidos. Si camina como un pato, parece un pato y grazna como un pato, probablemente sea un pato. Y si de sus huevos surgen pequeños patos, la prueba estará casi completa. La probabilidad da paso a la certeza; es un pato. Esta es una forma válida de abordar nuestro medio ambiente. Nadie se atreve a quejarse porque es normal para todos. Es la forma en que logramos desenvolvernos en este mundo.

La fe, sin embargo, introduce en nuestras vidas otro elemento radicalmente diferente. "Por la fe conocemos" es la palabra que eleva nuestro conocimiento a un nivel superior. La fe involucra hechos que han sido revelados desde el cielo y que, por su naturaleza, no responden a pruebas científicas. El cristiano sabe que algo es verdad, no porque lo haya verificado a través de la experiencia sino porque Dios lo ha dicho. Sus expectativas surgen de su confianza en el carácter de Dios.

La expectativa siempre ha estado presente en la iglesia en los tiempos de su mayor poder. Cuando aquella mujer creyó, esperó, y su Señor nunca la decepcionó. "Y bienaventurada la que creyó, porque se cumplirá lo que le fue dicho de parte del Señor" (Lucas 1:45).

Cada gran movimiento de Dios en la historia, cada avance inusual en la iglesia, cada avivamiento, ha sido precedido por una sensación de vivo anhelo. La expectativa siempre acompañó las operaciones del Espíritu. Sus bendiciones apenas sorprendieron a su pueblo porque estaban mirando expectantes hacia el Señor resucitado y confiando en que se cumpliera su Palabra. Sus bendiciones concordaron con sus expectativas.

Una característica que identifica a la iglesia promedio hoy es la falta de anticipación o anhelo. Cuando los cristianos se reúnen no esperan que suceda nada inusual; en consecuencia, solo sucede lo habitual, y lo habitual es tan predecible como la puesta del sol. Es como que una psicología de poca expectativa impregnara la asamblea, un estado de ánimo de tranquilo hastío que el ministro intenta disipar por diversos medios, dependiendo de los instrumentos del nivel cultural de la congregación y, en particular, del ministro.

Uno recurrirá al humor, otro se aferrará a algún tema —que actualmente divida al público—, como la pena capital, el cambio climático o a algo —ya tan arcaico— como la práctica de deportes los domingos. Otro ministro que pueda tener una opinión modesta sobre sus dotes como humorista y que no esté seguro de qué lado de una controversia puede apoyar con seguridad, intentará despertar expectativas describiendo con entusiasmo la forma del evento siguiente: el banquete de hombres que se celebrará en el salón de diversiones de la iglesia el próximo jueves por la noche; o el picnic con su emocionante juego entre los hombres casados y los solteros, cuyo resultado el ministro jocoso se niega tímidamente a predecir; o el próximo estreno de la nueva película religiosa, llena de sexo, violencia y falsa filosofía, pero aderezada con moralizaciones insípidas y suaves sugerencias de que los espectadores embelesados deberían nacer de nuevo.

Las actividades de los santos les son presentadas por aquellos que se supone que saben mejor que ellos lo que necesitan. Y esta obra planificada se hace aceptable para los más piadosos añadiendo unas pocas palabras de devoción al final. Esto se llama "comunión", aunque guarda escasa semejanza con las actividades de aquellos cristianos a los que se aplicó la palabra por primera vez.

Las expectativas cristianas en la iglesia promedio siguen el programa, no las promesas. Las condiciones espirituales prevalecientes, por bajas que sean, se aceptan como inevitables. Lo que será es lo que ha sido. A los cansados esclavos de la aburrida rutina les resulta imposible esperar algo mejor.

Hoy necesitamos un espíritu fresco y anhelante que surja de las promesas de Dios. Debemos declarar la guerra al estado de ánimo de no expectativas y unirnos con una fe infantil. Solo entonces podremos conocer nuevamente la belleza y la maravilla de la presencia del Señor entre nosotros.

CAPÍTULO 33

LA HUMILDAD: VERDADERA Y FALSA

La humildad, para el cristiano, es absolutamente indispensable. Sin ella no puede haber conocimiento de sí mismo ni arrepentimiento, ni fe, ni salvación.

Las promesas de Dios se hacen a los humildes: el hombre vanidoso por su orgullo pierde toda bendición prometida al humilde de corazón, y de la mano de Dios solo debe esperar justicia.

No debemos olvidar, sin embargo, que existe una pseudo humildad que difícilmente se puede distinguir de la verdadera y que —por lo general— pasa entre los cristianos sin que se den cuenta de que es falsa.

La verdadera humildad es algo saludable. El hombre humilde acepta la verdad sobre sí mismo. Cree que en su naturaleza caída no hay nada bueno. Reconoce que sin Dios no es nada, no tiene nada, no sabe nada y no puede hacer nada.

Saber eso, sin embargo, no lo desanima, porque sabe también que en Cristo es alguien. Sabe que es más querido por Dios que la niña de sus ojos y que todo lo puede en Cristo que lo fortalece; es decir, puede hacer todo lo que está dentro de la voluntad de Dios que haga.

La pseudohumildad es, en realidad, solo orgullo con una cara diferente. Es evidente en la oración del hombre que se condena rotundamente ante Dios como débil, pecador y tonto, pero que se resentiría airadamente si su esposa dijera lo mismo de él.

Un hombre así tampoco es necesariamente hipócrita. La oración autocondenatoria puede ser absolutamente sincera, y la defensa de uno mismo también, aunque ambas parezcan contradecirse. En lo que se parecen es en haber nacido de los mismos padres, siendo el amor propio el padre y la confianza en uno mismo la madre.

El hombre lleno de alta autoestima naturalmente espera grandes cosas de sí mismo y se siente amargamente decepcionado cuando fracasa. El cristiano egoísta tiene los ideales morales más elevados: será el hombre más santo de su iglesia, si no el más santo de su generación. Puede hablar de depravación total, gracia y fe, aunque todo el tiempo esté confiando inconscientemente en sí mismo, promoviendo el yo y viviendo para él.

Debido a que tiene aspiraciones tan nobles, cualquier fracaso en alcanzar sus ideales lo llena de decepción y disgusto. Luego viene el ataque de conciencia que erróneamente cree que es una prueba de humildad, pero que —en realidad— no es más que una amarga negativa a perdonarse a sí mismo por caer por debajo de la alta opinión que tiene de sí mismo. A veces se encuentra un paralelo en la figura del padre orgulloso y ambicioso que espera ver en su hijo la clase de hombre que él mismo esperaba ser y no es, y que —si el hijo no cumple con sus expectativas—, no lo perdona. El dolor del padre no surge de su amor por su hijo sino de su amor a sí mismo.

El hombre verdaderamente humilde no espera encontrar virtud en sí mismo. Es más, cuando no la halla no se decepciona. Sabe que cualquier buena acción que pueda hacer es el resultado de la obra de Dios en él y, si es su propia obra, sabe que no es buena, por buena que parezca.

Cuando esta creencia se vuelve tan parte de un hombre que opera como una especie de reflejo inconsciente, se libera de la carga de tratar de estar a la altura de su propia opinión acerca de sí mismo. Puede serenarse y contar con el Espíritu para cumplir la ley moral dentro de él. El énfasis de su vida se desplaza del yo a Cristo, donde debería haber estado en primer lugar, y así queda libre para servir a su generación por la voluntad de Dios sin los mil obstáculos que conocía antes.

Si tal hombre le falla a Dios de alguna manera, se humillará y se arrepentirá, pero no pasará sus días castigándose a sí mismo por su fracaso. Dirá con el hermano Lorenzo: "Nunca haré otra cosa si me dejas solo; eres tú quien debe impedir mi caída y reparar lo que está mal", y después de eso "no preocuparse más por ello".

Es cuando leemos las vidas y los escritos de los santos que la falsa humildad se vuelve particularmente activa. Leemos a Agustín y sabemos que no tenemos su intelecto; leemos a Bernardo de Claraval y sentimos un calor en su espíritu que no se encuentra en el nuestro en igual grado. Leemos el diario de George Whitefield y nos vemos obligados a confesar que, comparados con él, somos simples aprendices, principiantes espirituales y que —a pesar de nuestras supuestas "vidas ocupadas"— poco o nada logramos. Leemos las cartas de Samuel Rutherford y sentimos que su amor por Cristo supera tanto al nuestro que sería una locura mencionarlos al mismo tiempo.

Es entonces cuando la pseudohumildad entra en acción en nombre de la verdadera humildad y nos lleva al polvo en un torbellino de autocompasión y autocondena. Nuestro amor propio se vuelve contra nosotros con ira y nos reprocha con gran amargura nuestra falta de piedad. Tengamos cuidado con esto. Lo que creemos que es penitencia puede fácilmente ser una forma pervertida de envidia y nada más. Podemos simplemente envidiar a esos hombres valientes y desesperar por poder igualarlos alguna vez e imaginarnos que somos muy santos por sentirnos abatidos y desanimados.

He conocido dos clases de cristianos: los orgullosos que se imaginan humildes y los humildes que temen ser orgullosos. Debería haber otra clase: los olvidadizos que dejan todo en manos de Cristo y se niegan a perder el tiempo tratando de hacerse buenos. Llegarán a la meta mucho antes que el resto.

CAPÍTULO 34

ROMPA ESE "SILENCIO CULPABLE"

Uno de los grandes santos del pasado, en un conocido himno, insta a su lengua a romper su "silencio culpable" y alabar al Señor.

La lógica que subyace a la estrofa es que si está bien alabar a Dios está mal no alabarlo y, por eso, la lengua que calla es pecaminosa. El doctor Reuben Archer Torrey enseñaba que, dado que el mandamiento más grande es amar a Dios, el pecado más grande es no amarlo. Pecados como no alabar y no amar se llaman "pecados de omisión" porque no se ha cometido ningún acto aparente. La culpa radica en lo que no se hace y podría designarse como culpa pasiva en vez de activa. Pero aunque pasiva, no deja de ser real.

Bajo la Ley de Moisés, un hombre podía incurrir en culpa si se quedaba quieto respecto de algún mal que sabía que estaba presente en el campamento del Señor, y en el Nuevo Testamento Santiago nos dice sin rodeos: "Al que sabe hacer lo bueno, y no lo hace, le es pecado" (Santiago 4:17). ¿Acaso no es algo serio que muchas personas decentes y que llevan una vida limpia, contra quienes no se puede acusar de ningún acto manifiesto de maldad, puedan sin embargo ser profundamente culpables y estar interiormente manchadas con el pecado que no se manifiesta, el pecado del silencio y la inacción? Hay situaciones morales en las que es inmoral no decir nada y vilmente inmoral no hacer nada.

La Biblia tiene mucho que decir para alabar la prudencia y la circunspección, pero no tiene nada más que condenación para el cobarde. En el Nuevo Testamento se enseña claramente que el alma que es demasiado tímida para reconocer a Cristo ante los hombres en la tierra será negada ante el Padre que está en los cielos (Mateo 10:33). Y en el libro de Apocalipsis los temerosos son clasificados con los incrédulos, los asesinos, los fornicarios, los hechiceros, los mentirosos, por lo que todos son relegados al lago que arde con fuego y azufre (Apocalipsis 21:8). Evidentemente la cobardía moral es una falta, un pecado grave y profundamente perjudicial.

El miedo que nos mantiene callados cuando la fe, el amor y la lealtad claman para que hablemos es seguramente malo y debe ser juzgado como tal ante el tribunal de la justicia eterna. El miedo que nos impide actuar cuando el honor de Dios y el bien de la humanidad exigen una acción audaz es iniquidad pura. Dios no pasará eso por alto y, si se persiste, no lo perdonará.

La pecaminosidad del silencio y la inacción es más que académica; es tremendamente práctica y puede afectar el alma de cualquiera de nosotros en cualquier momento. Dejemos que una situación moral se moldee de forma que la rectitud exija palabra y acción, y la teoría se convierte instantáneamente en un hecho práctico. No tenemos más que quedarnos inmóviles y permanecer quietos para convertirnos en culpables de pecado real.

La situación mundial hoy es tal que el pecado por el silencio puede estar más extendido que en cualquier otro momento de la historia. Por primera vez en la historia de la humanidad, una ideología sorprendentemente perversa se ha organizado en una conspiración mundial, astuta, cruel, inhumana y fanáticamente determinada. Por supuesto, me refiero al comunismo internacional —ahora llamado "progresismo"—, la imitación más astuta y eficaz del cristianismo por parte del diablo hasta la fecha. Es como si los calderos hirvientes de la Gehena hubieran tenido una fuga y los vapores nocivos hubieran entrado en el cerebro de los hombres y los hubieran convertido en cavernícolas morales sin conciencia ni sentido de decencia común. Parecen estar poseídos y moralmente dementes en un grado que no se conoce en ningún otro lugar del mundo. Esos hombres, aunque numéricamente pocos, constituyen una amenaza para el mundo tan grave, tan mortífera, que nada en la tierra puede compararse con ella.

Estando como estamos bajo la sombra de un mal tan poderoso, ¿cómo puede estar tranquila una persona informada? ¿Cómo puede cualquier miembro del mundo no comunista ser indiferente al ver cómo se destruye cada valor que diferencia al hombre de las bestias y se extingue cada cualidad espiritual que hace que la vida valga la pena? El estadista que se niega a tomar partido ya lo ha tomado. Su tolerancia lo ha convertido en un traidor a su propio país y a la raza humana.

Por grave que sea todo esto, hay algo más severo aún. Es la falta de parcializarse y de hablar cuando el enemigo acecha al propio santuario y contamina el lugar santo. Por muy valiosos que puedan ser los valores humanos, tales como la libertad, la decencia y la dignidad del individuo, los valores divinos son infinitamente más preciosos. Tan alto como es el cielo sobre la tierra, así de grandes son los tesoros espirituales que se nos revelan por la inspiración del Espíritu y se nos aseguran por la sangre del pacto eterno. La sabiduría de Dios contenida en el mensaje y la práctica de la revelación redentora está por encima del rescate de un rey.

> Porque su ganancia es mejor que la ganancia de la plata, y sus frutos más que el oro fino. Más preciosa es que las piedras preciosas; y todo lo que puedes desear, no se puede comparar a ella. Largura de días está en su mano derecha; en su izquierda, riquezas y honra. Sus caminos son caminos deleitosos, y todas sus veredas paz (Proverbios 3:14-17).

En este momento de la historia mundial la condición de la fe cristiana es tal que la iglesia corre grave peligro de perder este tesoro invaluable. Su oro se está convirtiendo en cobre y sus diamantes en vidrio. La religión de Caín está ahora en ascenso y marcha bajo el estandarte de la cruz. Incluso entre aquellos que hacen mucho ruido acerca de creer en la Biblia, a esta prácticamente no le queda ninguna influencia práctica. Ficción, películas, diversión, entretenimiento religioso, ideales de Hollywood, redes sociales, técnicas de grandes negocios y filosofías mundanas y baratas ahora invaden el santuario. El afligido Espíritu Santo medita sobre el caos pero no brota ninguna luz. Los "avivamientos" ocurren sin despertar la hostilidad del pecado organizado y pasan sin elevar el nivel moral de la comunidad o purificar las vidas de los cristianos profesantes. ¿Por qué?

¿Podría ser que demasiados de los verdaderos hijos de Dios, y especialmente los predicadores, estén pecando contra él con un silencio culpable? Cuando aquellos cuyos ojos son abiertos por el toque de Cristo se vuelven vocales y activos, Dios podrá comenzar a luchar nuevamente del lado de la verdad. Por mi parte, estoy esperando escuchar las fuertes voces de los profetas y reformadores resonando una vez más en una iglesia perezosa y somnolienta.

Pagarán un precio por su audacia, pero los resultados valdrán la pena.

CAPÍTULO 35

EL CRISTIANO Y SU DINERO

Toda la cuestión del creyente y su dinero es tan complicada y tan íntima que uno duda en abordarla. Sin embargo, es de tan grave importancia que quien desee calificar como un buen siervo de Cristo no se atreve a evitarlo para que no le falte nada en el día del ajuste de cuentas. Alguien debería abordar el problema a la luz de las Escrituras. El pueblo de Dios tendrá motivos para agradecer al hombre que tenga el valor de afrontarlo.

Cuatro consideraciones deben regir nuestra donación cristiana. Ellas son: (1) que demos sistemáticamente; (2) que demos por un motivo correcto; (3) que demos lo suficiente en proporción a lo que poseemos; y (4) que demos al lugar o los lugares correctos.

Primero, debemos asegurarnos de darle de nuestros bienes al Señor con regularidad. Es muy fácil caer en el hábito de olvidarse de hacer esto. Nos decimos a nosotros mismos que no podemos dar en este momento, pero que cuando estemos mejor financieramente nos pondremos al día con nuestras donaciones. O nos aseguramos de que, aun cuando no demos sistemáticamente, sin duda daremos mucho más que nuestra décima parte, si se supiera la verdad. Estas son formas seguras de engañarnos a nosotros mismos. Las donaciones irregulares y no sistemáticas tienden a parecer mucho más grandes de lo que son. Probablemente nos sorprenderíamos bastante si nos tomáramos la molestia de descubrir lo poco que realmente damos de esa manera.

Por tanto, debemos dar por un motivo correcto. El dinero donado a una iglesia o sociedad misionera puede ser un desperdicio para el donante a menos que primero se asegure de que su corazón está en su donación. Los donativos que no se hacen con el corazón pueden hacer algún bien a quien los recibe, pero es seguro que no traerán ninguna recompensa a quien los da. "Si reparto entre los pobres todo lo que poseo … pero no tengo amor, nada gano con eso" (1 Corintios 13:3).

Entonces también es importante que demos lo suficiente en proporción a lo que poseemos. La historia de la viuda y sus dos blancas lo deja muy claro. La viuda dio de su "pobreza", y aunque su donación fue pequeña, a los ojos de Dios era un tesoro mucho mayor que todas las enormes sumas donadas por los ricos "de su abundancia" (Marcos 12:44). Esta es una advertencia solemne y haremos bien en prestarle atención.

Nosotros, los humanos, juzgamos "según lo que vemos" y —por eso— somos propensos a decir mucho por una donación grande y pasar por alto las pequeñas sin hacer comentarios. Al hacer eso, nos exponemos a una terrible conmoción en el día de Cristo. La regla más segura para evaluar nuestras donaciones y determinar nuestras expectativas en el día de las recompensas es esta: Recuerde, *mis donaciones serán recompensadas no por lo mucho que di sino por lo mucho que me quedó*. A veces los ministros se sienten tentados a evitar doctrinas como esta para no ofender a los dadores importantes de su congregación. Pero es mejor ofender a los hombres que entristecer al bendito Espíritu de Dios que habita en la iglesia. Ningún hombre ha matado jamás a una verdadera iglesia retirando sus dones debido a un resentimiento personal. La Iglesia del Primogénito no depende del patrocinio de los hombres. Ningún hombre ha podido jamás dañar realmente a una iglesia boicoteándola financieramente. En el momento en que admitimos que tememos el disgusto de los dadores carnales en nuestras congregaciones, reconocemos también que nuestras congregaciones no son del cielo sino de la tierra. Una iglesia celestial disfrutará de una prosperidad celestial y sobrenatural. No se la puede matar de hambre. El Señor suplirá sus necesidades.

Que coloquemos nuestros dones inteligentemente también es de vital importancia si queremos agradar a nuestro Padre celestial y salvar esos dones del destino que los lleve a ser "madera, heno y hojarasca" en la venida de nuestro Señor.

La cuestión de dónde o a quién donar es muy importante y será mejor que todos la resolvamos mientras podamos. Las donaciones descuidadas, poco inteligentes y llenas de prejuicios están desperdiciando enormes cantidades de dinero consagrado entre los cristianos evangélicos. Muchos creyentes tiran sus dones a la basura como si no esperaran dar cuenta de ellos al Señor. No han encontrado la voluntad del Señor en lo atinente a la cuestión de sus propias ofrendas, por lo que se convierten en presa de cualquiera que aparezca con una historia interesante. De esta manera se permite que florezcan innumerables estafas religiosas que nunca deberían recibir un centavo de personas serias y que honran a Dios.

Ahora bien, somos muy conscientes de que la respuesta a lo anterior podría ser una petición cortés de que nos quedemos en nuestro propio patio y dejemos que la gente ponga su propio dinero donde quiera; después de todo, es suyo y lo que hagan con él es asunto suyo. Pero no es tan simple. Si debemos dar cuenta de cada palabra ociosa, seguramente también debemos dar cuenta de cada dólar ocioso. Las donaciones irregulares, sin oración y caprichosas quedarán bajo el justo escrutinio de Dios en el día en que él juzgue cada obra de los hombres. Podemos hacer algo al respecto ahora. Pronto puede ser demasiado tarde.

CAPÍTULO 36

EL PELIGRO DE LA LIBERTAD EXCESIVA

L a libertad no tiene precio. Donde ella esté casi cualquier tipo de vida es placentera. Cuando está ausente, la vida nunca se puede disfrutar; solo se puede soportar.

Aunque millones han muerto en defensa de la libertad y aun cuando sus elogios están en boca de todos, sus defensores la han malinterpretado trágicamente y la han herido de gravedad en la propia casa de sus amigos. Creo que la dificultad radica en nuestra incapacidad para distinguir la libertad restringida de la libertad absoluta, que de hecho son hermanas pero no gemelas.

La libertad restringida es la que está enmarcada dentro de unos límites: libertad para obedecer leyes santas, libertad para guardar los mandamientos de Cristo, para servir a la humanidad, para desarrollar al máximo todas las posibilidades latentes dentro de nuestra naturaleza redimida. La verdadera libertad cristiana nunca nos libera para satisfacer nuestras concupiscencias o seguir nuestros impulsos pecaminosos.

El deseo de libertad absoluta provocó la caída de Lucifer y la destrucción de los ángeles que pecaron. Estos buscaban la libertad para hacer lo que quisieran y, para conseguirla, desecharon la hermosa libertad restringida, la que se sujeta a hacer la voluntad de Dios. Y la raza humana los siguió en su trágico error moral.

Para cualquiera que se moleste en pensar un poco, debería resultar evidente que en el universo no existe la libertad absoluta. Solo Dios es libre. Es inherente a la criatura que su libertad debe estar limitada por la voluntad del Creador y la naturaleza de la cosa creada. La gloria del cielo reside en el carácter de la libertad que disfrutan quienes en él habitan. Esa innumerable compañía de ángeles, la asamblea general, la Iglesia de los Primogénitos y los espíritus de los hombres justos perfeccionados tienen la libertad de cumplir todos los propósitos de Dios, y esa libertad les asegura un grado infinitamente mayor de felicidad que lo que la libertad absoluta podría lograr.

La libertad absoluta o incondicional, en cualquier área de la vida humana, es mortal. En el gobierno hay anarquía, en la vida doméstica amor libre y en la religión antinomianismo. Las células más libres del cuerpo son las cancerosas, pero matan al organismo donde crecen. Una sociedad sana requiere que sus miembros acepten una libertad restringida. Cada uno debe ceñir su propia libertad para que todos puedan ser libres, y esta ley se extiende por todo el universo creado, incluido el reino de Dios.

Demasiada libertad debilita todo lo que toca. El grano de trigo solo puede dar fruto si renuncia a su libertad y se entrega a las leyes de la naturaleza. El petirrojo puede volar todo el verano disfrutando de su libertad, pero si quiere un nido lleno de polluelos debe permanecer varias semanas en cautiverio voluntario mientras el misterio de la vida se gesta bajo sus suaves plumas. Tiene que decidir: ser libre y estéril o restringir su libertad y tener hijos.

Todo hombre en una sociedad libre debe decidir si explotará su libertad o la restringirá para fines inteligentes y morales. Puede asumir la responsabilidad de un negocio y una familia, y ser así útil para la carrera, o puede eludir todas las obligaciones y terminar en un barrio pobre. El vagabundo es más libre que el presidente o el rey, pero su libertad es su perdición. Mientras vive, permanece socialmente estéril y cuando muere no deja nada detrás de él que pueda alegrar al mundo de haber vivido.

El cristiano no puede escapar al peligro de la libertad exagerada. Es ciertamente libre, pero su misma libertad puede resultarle una fuente de verdadera tentación. Está libre de las cadenas del pecado, libre de las consecuencias morales de los malos actos ahora perdonados, libre de la maldición de la ley y del desagrado de Dios. La gracia le ha abierto la puerta de la prisión y, como Barrabás en la antigüedad, camina en libertad porque otro murió en su lugar.

Todo esto lo sabe el cristiano instruido y se niega a permitir que falsos maestros y religiosos descarriados le pongan un yugo de esclavitud en el cuello. Pero ¿qué hará ahora con su libertad? Se ofrecen dos posibilidades. Puede aceptar su libertad ganada con sangre como un manto para la carne, como declara el Nuevo Testamento que algunos han hecho, o puede arrodillarse como el camello para recibir su carga voluntaria. ¿Y cuál es esa carga? Los males de sus semejantes que debe hacer lo que pueda para aliviar; la deuda que él y Pablo tienen con el mundo perdido; el gemido de los niños hambrientos llorando en la noche; la iglesia en cautiverio babilónico; la rápida avalancha de doctrinas malvadas y el éxito de los falsos profetas; la lenta decadencia de los fundamentos morales de las naciones llamadas cristianas, y todo lo que exige abnegación, carga de la cruz, largas vigilias de oración y un testimonio valiente para aliviar y corregir.

El cristianismo es la religión de la libertad y la democracia es la libertad en una sociedad organizada, pero si continuamos malinterpretando esta libertad es posible que pronto no tengamos ni cristianismo ni democracia. Para proteger la libertad política, los hombres libres deben imponerse una obligación voluntaria; para preservar la religión de la salvación por gracia gratuita, muchos cristianos deben renunciar a su derecho a ser libres y asumir una carga mayor de la que jamás hayan llevado antes.

Cuando está en peligro, el Estado puede reclutar hombres para luchar por su libertad, pero no hay reclutas en el ejército del Señor. Para llevar una cruz el cristiano debe tomarla por su propia voluntad. Ninguna autoridad puede obligarnos a alimentar a los

hambrientos o evangelizar a los perdidos u orar por un avivamiento o sacrificarnos por Cristo y por la humanidad que sufre.

El cristiano ideal es aquel que sabe que es libre de hacer lo que
quiera y desea ser un siervo. Este es el camino que tomó Cristo;
bienaventurado el hombre que lo sigue.

CAPÍTULO 37

ESTE MUNDO: ¿PATIO DE JUEGOS O CAMPO DE BATALLA?

Las cosas para nosotros no solo son lo que son; son lo que creemos que son. Es decir, es probable que a largo plazo nuestra actitud hacia algo sea más importante que ese algo mismo.

Esta es una moneda muy común, como una antigua de diez centavos, desgastada por el uso. Sin embargo, lleva el sello de la verdad y no debe ser rechazado porque sea común y corriente.

Es extraño cómo un hecho puede permanecer fijo, mientras nuestra interpretación del hecho cambia con las generaciones y los años.

Uno de esos hechos es el mundo en el que vivimos. Está aquí y ha estado aquí a través de los siglos. Es un hecho estable, que no ha cambiado en absoluto con el paso del tiempo, pero ¡cuán diferente es la visión que tiene el hombre moderno de la que tenían nuestros padres! Aquí vemos con nitidez cuán grande es el poder de la interpretación. El mundo es para todos nosotros no solo lo que es; es lo que creemos que es. Y una tremenda carga de desgracias o beneficios depende de la firmeza de nuestra interpretación.

Basta remontarnos a los tiempos de la fundación y el desarrollo temprano de nuestro país, para que podamos ver el amplio abismo entre nuestras actitudes modernas y las de nuestros padres. En los primeros días, cuando el cristianismo ejercía una influencia dominante sobre el pensamiento occidental, los hombres concebían el mundo como un campo de batalla. Nuestros padres creían en el pecado, el diablo y el infierno como una fuerza; y creían en Dios, la justicia y el cielo como la otra. Estos se oponían entre sí por su naturaleza eterna en una hostilidad profunda, grave e irreconciliable. El hombre, así lo sostenían nuestros padres, tenía que elegir su bando; no podía ser neutral. Para él debía ser vida o muerte, cielo o infierno, y si decidía ubicarse en el bando de Dios, podría esperar una guerra abierta con los enemigos de este. La lucha sería real y mortal, además de que duraría mientras la vida continuara aquí abajo. Los hombres esperaban el cielo como un regreso de las guerras, una entrega de la espada para disfrutar en paz del hogar preparado para ellos.

Los sermones y las canciones de aquellos tiempos a menudo tenían una cualidad marcial, o tal vez un rastro de nostalgia. El soldado cristiano pensaba en el hogar, el descanso y la reunión, y su voz se tornaba quejosa mientras cantaba sobre el fin de la batalla y la victoria obtenida. Pero ya sea que estuviera cargando contra los cañones enemigos o soñando con el fin de la guerra y la bienvenida del Padre a casa, nunca olvidó en qué clase de mundo vivía. Era un campo de batalla, por lo que muchos eran los heridos y los muertos.

Esa visión de las cosas es incuestionablemente bíblica. Si consideramos las figuras y metáforas que abundan en las Escrituras, vemos que sigue siendo una doctrina bíblica sólida el hecho de que esas tremendas fuerzas espirituales están presentes en el mundo y que el hombre, debido a su naturaleza espiritual, está atrapado en el medio. Los poderes del mal están empeñados en destruirlo, mientras que Cristo está presente para salvarlo mediante el poder del evangelio. Para obtener liberación debe ponerse del lado de Dios con fe y obediencia. Eso, en resumen, es lo que pensaban nuestros padres; y eso, creemos, es lo que enseña la Biblia.

Qué diferente es hoy. El hecho sigue siendo el mismo, pero la interpretación ha cambiado completamente. Los hombres piensan en el mundo no como un campo de batalla sino como un patio de recreo. No estamos aquí para luchar, estamos aquí para divertirnos. No estamos en tierra extranjera, estamos en casa. No nos estamos preparando para vivir, ya estamos viviendo, y lo mejor que podemos hacer es deshacernos de nuestras inhibiciones y frustraciones para vivir esta vida al máximo. Creemos que esto es un buen resumen de la filosofía religiosa del hombre moderno, sinceramente profesada por millones y tácitamente sostenida por otros millones más que la viven sin haberlo expresado verbalmente.

Este cambio de actitud hacia el mundo ha tenido y está teniendo su efecto en los cristianos, incluso en los evangélicos que profesan la fe de la Biblia. Mediante un curioso malabarismo con las cifras, logran sumar mal la columna y, sin embargo, afirman tener la respuesta correcta. Suena fantástico, pero es verdad.

Que este mundo es un patio de recreo en vez de un campo de batalla ha sido aceptado en la práctica por la gran mayoría de los cristianos evangélicos. Podrían eludir la pregunta si se les pidiera sin rodeos que declararan su posición, pero su conducta los delata. Están mirando en ambos sentidos, disfrutando de Cristo y también del mundo, y diciendo alegremente a todos que aceptar a Jesús no les exige renunciar a la diversión y que el cristianismo es simplemente la cosa más alegre que se pueda imaginar.

El "culto" que surge de esa visión de la vida está tan descentrado como la visión misma, una especie de discoteca santificada sin champán ni borrachos disfrazados.

Todo este asunto se ha vuelto tan serio últimamente que se ha convertido en el deber includible de todo cristiano volver a examinar su filosofía espiritual a la luz de la Biblia. Y después de descubrir el camino bíblico para seguirla, aunque implique separarse de mucho de lo que antes aceptaba como real, ahora sabe —a la luz de la verdad— que es falsa.

Una visión correcta de Dios y del mundo venidero requiere que tengamos también una visión correcta del mundo en el que vivimos y de nuestra relación con él. Depende tanto de esto que no podemos darnos el lujo de ser descuidados al respecto.

CAPÍTULO 38

NOS ESTAMOS CONVIRTIENDO EN LO QUE AMAMOS

*"Para ser diferente de lo que soy,
debo abandonar lo que soy."*

—Crisóstomo

odos estamos en proceso de llegar a ser. Ya hemos pasado de lo que éramos a lo que somos y ahora avanzamos hacia lo que seremos.

Que nuestro carácter no sea firme sino maleable no es en sí mismo un pensamiento perturbador. De hecho, el hombre que se conoce a sí mismo puede sentirse muy reconfortado al comprender que su estado actual no es fijo, que puede dejar de ser lo que se avergüenza de haber sido alguna vez y pasar a ser "remodelado como desea".

El pensamiento perturbador no es que nos estemos convirtiendo, sino lo que estamos siendo; no es *que* nos estemos moviendo, sino *hacia* qué nos estamos moviendo. Porque no es propio de la naturaleza humana moverse en un plano horizontal; o ascendemos o descendemos, subimos o nos hundimos. Cuando un ser moral pasa de una posición a otra, debe ser siempre hacia lo peor o hacia lo mejor. Esto corresponde a una ley espiritual revelada en Apocalipsis. "El que es injusto, sea injusto todavía; y el que es inmundo, sea inmundo todavía; y el que es justo, sea justo todavía; y el que es santo, santifíquese todavía" (22:11 RVR1960).

No solo estamos todos en el proceso de convertirnos, sino que *nos estamos convirtiendo en lo que amamos*. Somos, en gran medida, la suma de nuestros amores y —por necesidad moral— creceremos hasta convertirnos en la imagen de lo que más amamos; pues el amor es —entre otras cosas— una afinidad creativa; cambia, se moldea, da forma y se transforma. Es sin duda el agente más poderoso que afecta la naturaleza humana después de la acción directa del Espíritu Santo de Dios dentro del alma.

Por lo tanto, lo que amamos no es un asunto pequeño que deba ignorarse a la ligera; más bien es de importancia latente, crucial y eterna. Es algo profético en cuanto a nuestro futuro. Nos dice lo que seremos y, por tanto, predice con precisión nuestro destino eterno.

Amar algo incorrecto es fatal para el crecimiento espiritual; tuerce y deforma la vida e imposibilita la aparición de la imagen de Cristo en el alma. Solo cuando amamos los que es correcto nos volvemos rectos, y solo cuando seguimos amándolo continuamos experimentando una transmutación lenta pero constante hacia los objetos de nuestro afecto purificado.

Esto proporciona en parte (pero solo en parte) una explicación racional para el primero y más grande mandamiento: "Amarás al Señor tu Dios con todo tu corazón, y con toda tu alma, y con toda tu mente" (Mateo 22:37).

Llegar a ser como Dios es y debe ser el objetivo supremo de todas las criaturas morales. Esta es la razón de su creación, el fin sin el cual no se puede encontrar ninguna excusa para su existencia. Dejando de lado por el momento esos extraños y hermosos seres celestiales de los que tenemos indicios en la Biblia pero de los que sabemos tan poco, nos concentraremos en la raza caída de la humanidad. Una vez hechos a imagen de Dios, no conservamos nuestro primer estado, sino que abandonamos nuestra morada, nos asociamos con Satanás y caminamos según el curso de este mundo, de acuerdo al príncipe de la potestad del aire, el espíritu que ahora obra en los hijos de desobediencia: Pero Dios, que es rico en misericordia, por su gran amor con que nos amó, aun cuando estábamos muertos en pecados, nos dio vida juntamente con Cristo (Efesios 2:2-5).

La obra suprema de Cristo en la redención no es salvarnos del infierno sino restaurarnos nuevamente a la semejanza de Dios, cuyo propósito se declara en la Epístola a los Romanos: "Porque a los que antes conoció, también los predestinó para que fueran hechos conformes a la imagen de su Hijo" (8:29 RVR1960).

Mientras la restauración perfecta a la imagen divina espera el día de la aparición de Cristo, la obra de restauración continúa. Hay una transformación gradual pero constante de la imperfecta naturaleza humana en la perfecta semejanza de Dios. Esa transformación se logra a través de la mirada llena de fe del alma ante la gloria de Dios reflejada en el rostro de Jesucristo (2 Corintios 3:18).

Aquí mismo haríamos bien en anticipar una dificultad y tratar de solucionarla, una dificultad que surge de una concepción errónea del amor. El problema puede plantearse de esta manera: el amor es caprichoso, impredecible y está, casi por completo, fuera de nuestro control. Brota y arde o muere por sí mismo. ¿Cómo, entonces, podemos controlar nuestro amor? ¿Cómo podemos dirigirlo hacia objetos dignos? Y particularmente, ¿cómo podemos obligarlo a descansar en Dios como objeto propio y permanente de su devoción?

Si el amor fuese realmente impredecible y estuviera fuera de nuestro control, estas preguntas no podrían tener respuestas satisfactorias y nuestra perspectiva sería desesperada. Sin embargo, la simple verdad es que el amor espiritual no es la emoción caprichosa e irresponsable que los hombres creen erróneamente que es. Al contrario, es el servidor de la voluntad y siempre debe ir a donde se le envía y hacer lo que se le dice. La expresión romántica "enamórate" ha dado a la gente la idea de que somos víctimas forzosas de las flechas de Cupido y no podemos tener control sobre nuestros afectos. El joven normal de estos días espera enamorarse según el patrón amoroso de Romeo y Julieta, y ser arrastrado por una tempestad de emociones sensuales. Inconscientemente extendemos este concepto de amor a nuestra relación con nuestro Creador y preguntamos: ¿Cómo podemos obligarnos a amar a Dios supremamente?

La respuesta a esta y todas las preguntas afines es que el amor que tenemos por Dios no es un amor sentimental, sino un amor decidido. El amor está dentro de nuestro poder de elección; de lo contrario, no se nos ordenaría amar a Dios ni se nos haría responsables por no amarlo.

Adoptar el ideal del amor romántico en nuestra relación con Dios ha sido extremadamente perjudicial para nuestra vida cristiana. La idea de que debemos "enamorarnos" de Dios es innoble, antibíblica, indigna de nosotros y ciertamente no honra al Dios altísimo. No llegamos a amar a Dios mediante una visita emocional repentina. El amor a Dios resulta del arrepentimiento, la enmienda de vida y una firme determinación de amarlo. A medida que Dios se mueve más perfectamente hacia el centro de nuestros corazones, nuestro amor por él puede ciertamente aumentar y crecer dentro de nosotros hasta que, como una inundación, arrase con todo lo que se encuentra ante él.

Pero no debemos esperar esta intensidad sentimental. No somos responsables de sentir pero sí de amar, y el verdadero amor espiritual comienza en la voluntad. Debemos disponer nuestro corazón para amar a Dios supremamente, por frío o duro que parezca, y continuar confirmando nuestro amor mediante una obediencia cuidadosa y feliz a su Palabra. Seguramente le seguirán emociones agradables. El canto de los pájaros y las flores no hacen la primavera, pero cuando llega la primavera ellos vienen con ella.

Ahora bien, me apresuraría a negar toda simpatía hacia el culto popular a la salvación por la fuerza de voluntad. Estoy en radical desacuerdo con todas las formas de cuasicristianismo que dependen del "poder latente dentro de nosotros" o que confían en el "pensamiento creativo" y no en el poder de Dios. Todas esas filosofías religiosas finas como el papel se derrumban en el mismo lugar: en la suposición errónea de que se puede hacer que la corriente de la naturaleza humana corra hacia atrás sobre las cataratas. Esto nunca podrá hacerlo. "La salvación es del Señor".

Para ser salvo, el hombre perdido debe ser levantado corporalmente por el poder de Dios y elevado a un nivel superior. Debe haber una impartición de vida divina en la maravilla del segundo nacimiento antes de que las palabras del apóstol se apliquen a él: "Por tanto, nosotros todos, mirando a cara descubierta como en un espejo la gloria del Señor, somos transformados de gloria en gloria en la misma imagen, como por el Espíritu del Señor" (2 Corintios 3:18).

Espero que aquí se haya establecido que la naturaleza humana se encuentra en un estado de formación y que está siendo transformada a la imagen de aquello que ama. Hombres y mujeres están siendo moldeados por sus afinidades, moldeados por sus afectos y poderosamente transformados por el arte de sus amores. En el mundo no regenerado de Adán esto produce tragedias diarias de proporciones cósmicas. Pensemos en el poder que convirtió a un inocente niño de mejillas rosadas en un Nerón o un Himmler. ¿Y fue siempre Jezabel la "mujer maldita" cuya cabeza y manos los mismos perros, con justicia poética, se negaron a comer? No; una vez tuvo sus sueños puros de niña y se sonrojó ante la idea del amor femenino; pero pronto se interesó por las cosas malas, las admiró y finalmente llegó a amarlas. Allí se impuso la ley de la afinidad moral y Jezabel, como barro en la mano del alfarero, se convirtió en la cosa deforme y odiosa que los chambelanes arrojaban desde la ventana.

Para sus propios hijos, nuestro Padre celestial ha provisto esencias morales dignas de admiración y de amor. Estas son para Dios como los colores del arco iris que rodean el trono. No son Dios pero están más cerca de Dios; no podemos amarlo sin amarlas a ellas y —a medida que las amamos— podemos amarlo más. ¿Qué son esas esencias?

La primera es la *justicia*. Nuestro Señor Jesús amó la justicia y aborreció la iniquidad (Hebreos 1:9), y por esa razón Dios lo ungió con óleo de alegría más que a sus compañeros. Aquí el patrón es fijo. Amar es también odiar. El corazón que se siente atraído por la justicia será rechazado por la iniquidad en el mismo grado, y esta repulsión moral es odio. El hombre más santo es el que más ama la justicia y odia el mal con un odio perfecto.

La siguiente es la *sabiduría*. De los griegos tomamos la palabra "filosofía", el amor a la sabiduría, pero antes de los filósofos griegos fueron los profetas hebreos, cuyo concepto de sabiduría era más elevado y más espiritual que cualquier cosa conocida en Grecia. La literatura sapiencial del Antiguo Testamento (Proverbios, Eclesiastés y hasta cierto punto los Salmos) respira un amor por la sabiduría desconocido incluso para Platón.

De modo que los escritores del Antiguo Testamento ubican la sabiduría en un lugar tan alto que a veces apenas podemos distinguir la sabiduría que viene de Dios de la sabiduría que es Dios. Los hebreos se anticiparon algunos siglos a la idea griega de Dios como sabiduría esencial, aunque su concepto de sabiduría era menos intelectual que moral. Para ellos, el hombre sabio era el hombre bueno, el hombre piadoso, y la sabiduría en su expresión más noble era amar a Dios y guardar sus mandamientos. El pensador hebreo no podía divorciar la sabiduría de la justicia. Dos de los más grandes libros apócrifos, la *Sabiduría de Salomón* y el *Eclesiástico*, celebran la sabiduría que se asocia con la justicia con una elocuencia que a veces es igual a la de las Escrituras canónicas.

Otra esencia en la que debe fijarse el amor cristiano es la verdad y, nuevamente, tenemos dificultad para separar la verdad de Dios del propio Dios. Cristo dijo: "Yo soy la verdad", y al decir eso unió la verdad y la Deidad en un vínculo inseparable. Amar a Dios es amar la verdad, y amar la verdad con ardor constante es crecer hacia la imagen de la verdad y alejarse de la mentira y el error.

Es innecesario nombrar o intentar nombrar todas las demás cosas buenas y santas que Dios ha aprobado como nuestros modelos. La Biblia las presenta ante nosotros: misericordia, bondad, pureza, humildad y muchos más; las almas enseñadas por el Espíritu sabrán qué hacer al respecto.

La suma de todo parece ser que debemos cultivar el interés y el amor por lo moralmente bello. ¿Fue por eso que Pablo escribió a los Filipenses (4:8): "Por último, hermanos, consideren bien todo lo verdadero, todo lo respetable, todo lo justo, todo lo puro, todo lo amable, todo lo digno de admiración, en fin, todo lo que sea excelente o merezca elogio"?

CAPÍTULO 39

LA MENGUANTE AUTORIDAD DE CRISTO EN LAS IGLESIAS

Aquí está la carga de mi corazón; y aunque no reclamo para mí ninguna inspiración especial, siento que esta es también la carga del Espíritu.

Si conozco mi propio corazón, puedo afirmar que es solo el amor lo que me mueve a escribir esto. Lo que escribo aquí no es el amargo fermento de una mente agitada por disputas con mis hermanos cristianos. No ha habido tales cosas. Nadie ha abusado de mí, ni me ha maltratado ni atacado. Estas observaciones tampoco han surgido de ninguna experiencia desagradable que haya tenido en mi asociación con otros. Mis relaciones con mi propia iglesia así como con cristianos de otras denominaciones han sido amistosas, corteses y gratas. Mi dolor es simplemente el resultado de una condición que creo que prevalece casi universalmente entre las iglesias.

Creo también que debo reconocer que yo mismo estoy muy implicado en la situación que aquí deploro. Así como Esdras en su poderosa oración intercesora se incluyó a sí mismo entre los malhechores, también lo hago yo. "Dios mío, estoy avergonzado y humillado como para levantar el rostro hacia ti, porque nuestras maldades se han amontonado hasta cubrirnos por completo; nuestra culpa ha llegado hasta el cielo" (Esdras 9:6). Cualquier palabra dura pronunciada aquí contra otros debe, con simple sinceridad, recaer sobre mi propia cabeza. Yo también he sido culpable. Esto está escrito con la esperanza de que todos podamos volvernos al Señor nuestro Dios y no pecar más contra él.

Permítame indicar la causa de mi carga. Es esta: *Jesucristo casi no tiene autoridad alguna entre los grupos que hoy se llaman a sí mismos por su nombre.* Con estos no me refiero a los católicos romanos ni a los liberales, ni a los diversos cultos cuasicristianos. Me refiero a las iglesias protestantes en general e incluyo a aquellas que protestan más ruidosamente porque descienden espiritualmente de nuestro Señor y sus apóstoles, es decir, los evangélicos.

Es una doctrina básica del Nuevo Testamento que después de su resurrección, Jesús Hombre fue declarado por Dios como Señor y Cristo, y que el Padre le invistió con absoluto señorío sobre la iglesia que es su cuerpo. Toda autoridad es suya en el cielo y en la tierra. A su debido tiempo él la ejercerá al máximo, pero durante este período de la historia permite que esta autoridad sea cuestionada o ignorada. Y justo ahora está siendo cuestionada por el mundo e ignorada por la iglesia.

La posición actual de Cristo en las iglesias evangélicas puede compararse a la de un rey en una monarquía constitucional limitada. El rey (a veces despersonalizado por el término "la Corona") en un país así no es más que un referente tradicional, un agradable símbolo de unidad y lealtad muy parecido a una bandera o un himno nacional. Es alabado, festejado y apoyado, pero su autoridad real es casi nula. Nominalmente él está por encima de todo, pero en cada crisis otro es el que toma las decisiones. En ocasiones formales aparece con su atuendo real para pronunciar el discurso manso e incoloro que le ponen en la boca los verdaderos gobernantes del país. Puede que todo esto no sea más que una agradable fantasía, pero tiene sus raíces en la antigüedad, es muy divertido y nadie quiere renunciar a ello.

Entre las iglesias evangélicas, Cristo es ahora —en efecto— poco más que un símbolo amado. "Todos saluden el poder del nombre de Jesús" es el estandarte nacional de la iglesia y la cruz es su bandera oficial, pero en los servicios semanales de la congregación y en la conducta diaria de sus miembros, alguien más —no Cristo— es quien toma las decisiones. Bajo circunstancias apropiadas, a Cristo se le permite decir: "Vengan a mí todos ustedes que están cansados y agobiados; yo les daré descanso" (Mateo 11:28) o "No se angustien. Confíen en Dios y confíen también en mí" (Juan 14:1), pero cuando el discurso termina, alguien más toma el control. Quienes tienen autoridad real deciden las normas morales de la iglesia, así como todos los objetivos y todos los métodos empleados para alcanzarlas. Gracias a una organización larga y meticulosa, ahora es posible que el pastor más joven recién salido del seminario tenga más autoridad real en una iglesia que Jesucristo.

Cristo no solo tiene poca o ninguna autoridad, su influencia también es cada vez menor. No diría que no tiene ninguna, solo que es pequeña y menguante. Un buen paralelo sería la influencia de Abraham Lincoln sobre el pueblo estadounidense. El honesto Abe sigue siendo el ídolo del país. La imagen de su rostro bondadoso y áspero, tan hogareño que resulta hermoso, aparece por todas partes. Es fácil que se le llenen los ojos de lágrimas a uno. Los niños se crían con historias de su amor, su honestidad y su humildad.

Sin embargo, una vez que hemos conseguido controlar nuestras tiernas emociones, ¿qué nos queda? No es más que un buen ejemplo que, a medida que retrocede en el pasado, se vuelve cada vez más irreal y ejerce una influencia cada vez menos real. Todo sinvergüenza está dispuesto a envolverse en el largo abrigo negro de Lincoln. A la fría luz de los hechos políticos en Estados Unidos, el constante llamamiento de los políticos a Lincoln es una broma cínica.

El Señorío de Jesús no está del todo olvidado entre los cristianos, pero ha sido relegado al himnario, donde toda responsabilidad hacia él puede ser cómodamente descargada en un resplandor de agradable emoción religiosa. O si se enseña como teoría en el aula, rara vez se aplica a la vida práctica. La idea de que Cristo

Jesús Hombre tiene autoridad absoluta y definitiva sobre toda la iglesia y sobre todos sus miembros, en cada detalle de sus vidas, simplemente no es aceptada como cierta por las bases de los cristianos evangélicos.

Lo que hacemos es esto: aceptamos el cristianismo de nuestro grupo como idéntico al de Cristo y sus apóstoles. Las creencias, las prácticas, la ética, las actividades de nuestro grupo se equiparan con el cristianismo del Nuevo Testamento. Todo lo que el grupo piense, diga o haga es bíblico y no se hacen preguntas. Se supone que todo lo que nuestro Señor espera de nosotros es que nos ocupemos de las actividades del grupo. Al hacerlo, guardamos los mandamientos de Cristo.

Para evitar la dura necesidad de obedecer o rechazar las claras instrucciones de nuestro Señor en el Nuevo Testamento, nos refugiamos en una interpretación liberal de ellas. La casuística no es posesión exclusiva de los teólogos católicos romanos. También nosotros, los evangélicos, sabemos evitar el punto agudo de la obediencia con finas y complejas explicaciones. Están hechas a medida para la carne. Excusan la desobediencia, confortan la carnalidad y anulan el efecto de las palabras de Cristo. Y la esencia de todo esto es que Cristo simplemente no pudo haber querido decir lo que dijo. Sus enseñanzas son aceptadas incluso teóricamente solo después de que han sido debilitadas por la interpretación.

Sin embargo, cada vez más personas con "problemas" consultan a Cristo y los que anhelan paz mental lo buscan. Se le recomienda ampliamente como una especie de psiquiatra espiritual con notables poderes para enderezar a la gente. Es capaz de liberarlos de sus complejos de culpa y ayudarlos a evitar traumas psíquicos graves mediante una adaptación fácil y gradual a la sociedad y a sus propias identidades. Por supuesto, este extraño Cristo no tiene relación alguna con el del Nuevo Testamento. El verdadero Cristo es también Señor, pero este Cristo acomodador es poco más que el servidor del pueblo.

No obstante, supongo que debería ofrecer alguna prueba concreta para respaldar mi acusación de que Cristo tiene poca o ninguna autoridad hoy entre las iglesias. Bueno, déjeme hacerle algunas preguntas y dejar que las respuestas sean la evidencia.

¿Qué funcionarios o directivos de la iglesia consultan las palabras de nuestro Señor para decidir los asuntos que se están discutiendo? Cualquiera que lea esto y haya tenido experiencia en la junta directiva de una congregación debe intentar recordar las ocasiones o momentos en que algún miembro de la junta leyó las Escrituras para exponer un punto, o cuando algún presidente sugirió que los hermanos deberían ver qué instrucciones tenía el Señor para ellos respecto a una pregunta concreta. Las reuniones de la junta usualmente se inician con una oración formal o "un tiempo de oración"; después de eso, el Jefe de la Iglesia guarda respetuoso silencio mientras los verdaderos gobernantes toman el poder. Cualquiera que niegue esto presente pruebas para refutarlo. Por mi parte, estaré encantado de escucharlo.

¿Qué comité de escuela dominical acude a la Palabra en busca de instrucciones? ¿No suponen invariablemente, los miembros, que ya saben lo que se asume que deben hacer y que su único problema es encontrar los medios eficaces para lograrlo? Planes, reglas, "operaciones" y nuevas técnicas metodológicas absorben todo su tiempo y atención. La oración antes de la reunión es pidiendo ayuda divina para llevar a cabo sus planes. Aparentemente, la idea de que el Señor podría tener algunas instrucciones para ellos nunca les pasa por la cabeza.

¿Quién recuerda cuando un presidente de una junta directiva trajo su Biblia a la mesa con el propósito de usarla? Actas, reglamentos, reglas de orden, sí. Los sagrados mandamientos del Señor, no. Existe una dicotomía absoluta entre el período devocional y la sesión de negocios. El primero no tiene relación con el segundo.

¿Qué junta misionera extranjera realmente busca seguir la guía del Señor proporcionada por su Palabra y su Espíritu? Todos piensan que sí, pero lo que hacen en realidad es asumir que sus fines son escriturales y luego pedir ayuda para encontrar formas de alcanzarlos. Pueden orar toda la noche para que Dios dé éxito a sus empresas, pero desean a Cristo como su ayuda, no como su Señor. Los medios humanos se idean para lograr fines que se suponen divinos. Estos se endurecen hasta convertirse en políticas y, a partir de entonces, el Señor ni siquiera tiene voto.

En la conducción de nuestra adoración pública, ¿dónde se ve la autoridad de Cristo? La verdad es que hoy el Señor rara vez controla un servicio y la influencia que ejerce es muy pequeña. Cantamos de él y predicamos sobre él, pero él no debe interferir; adoramos a nuestra manera, y debe ser correcta porque siempre lo hemos hecho así, al igual que las otras iglesias de nuestro grupo.

¿Qué cristiano, cuando se enfrenta a un problema moral, va directamente al Sermón del Monte u otra Escritura del Nuevo Testamento en busca de una respuesta autorizada? ¿Quién permite que las palabras de Cristo sean definitivas en cuanto a las donaciones, el control de la natalidad, la crianza de una familia, los hábitos personales, el diezmo, el entretenimiento, la compra, la venta y otros asuntos tan importantes?

¿Qué escuela teológica, desde el humilde instituto bíblico hacia arriba, podría continuar funcionando si hiciera de Cristo Señor de todas sus políticas? Puede que haya algunos, y espero que los haya, pero creo que tengo razón cuando digo que la mayoría de esas escuelas —para mantenerse en funcionamiento— se ven obligadas a adoptar procedimientos que no encuentran justificación en la Biblia que profesan enseñar. Entonces tenemos esta extraña anomalía: se ignora la autoridad de Cristo para mantener una escuela que enseñe, entre otras cosas, la autoridad de Cristo.

Las causas subyacentes al declive de la autoridad de nuestro Señor son muchas. Nombro solo dos.

Una es el poder de las costumbres, los precedentes y las tradiciones dentro de los grupos religiosos más antiguos. Estos, al igual que la gravitación, afectan a cada partícula de práctica religiosa dentro del grupo, ejerciendo una presión firme y constante en una dirección. Por supuesto, esa dirección es en conformidad con la situación imperante o *status quo*. No Cristo, sino la costumbre, es el señor en esta situación. Y lo mismo ha pasado (posiblemente en un grado un poco menor) en otros grupos, como las iglesias de santidad, las iglesias pentecostales y fundamentales y las muchas iglesias independientes y no denominacionales que se encuentran en todo el continente americano.

La segunda causa es el resurgimiento del intelectualismo entre los evangélicos. Esto, si percibo correctamente la situación, no es tanto una sed de aprender como un deseo de tener la reputación de erudito. Por eso se está poniendo a hombres buenos que deberían saber más en una posición que colabora con el enemigo. Lo explicaré.

Nuestra fe evangélica (que creo que es la verdadera fe de Cristo y sus apóstoles) está siendo atacada estos días desde muchas direcciones. En el mundo occidental el enemigo ha renunciado a la violencia. Ya no viene contra nosotros con espada y con armamento; ahora viene sonriendo y trayendo regalos. Levanta los ojos al cielo y jura que él también cree en la fe de nuestros padres, pero su verdadero propósito es destruir esa fe, o al menos modificarla a un punto tal que ya no sea lo sobrenatural que alguna vez fue. Viene en nombre de la filosofía, la psicología o la antropología, y con dulce sensatez nos insta a repensar nuestra posición histórica, a ser menos rígidos, más tolerantes y más comprensivos.

Habla en la jerga sagrada de las escuelas, y muchos de nuestros evangélicos medio educados corren a adularlo. Lanza títulos académicos a los hijos de los profetas, como Rockefeller solía arrojar monedas de diez centavos a los hijos de los campesinos. Los evangélicos que, con cierta justificación, han sido acusados de falta de verdadera erudición, ahora se aferran a estos símbolos de estatus con los ojos brillantes, y cuando los obtienen apenas pueden creer lo que ven. Caminan en una especie de extasiada incredulidad, muy parecida a la que sentiría la solista del coro de la iglesia del barrio si la invitaran a cantar en un escenario de Hollywood.

Para el verdadero cristiano, la única prueba suprema de la solidez actual y el valor definitivo de todo lo pertinente a la fe debe ser el lugar que nuestro Señor ocupa en ello. ¿Es Señor o es símbolo? ¿Está él a cargo del proyecto o simplemente es uno más del equipo? ¿Decide las cosas o solo ayuda a realizar los planes de los demás? Todas las actividades religiosas, desde el acto más simple de un cristiano individual hasta las operaciones pesadas y costosas de toda una denominación, pueden probarse con la respuesta a la pregunta: ¿Es Jesucristo Señor en este acto? De la contestación correcta a esa pregunta dependerá que nuestras obras resulten ser madera, heno y hojarasca u oro, plata y piedras preciosas en ese gran día.

Entonces, ¿qué vamos a hacer? Cada uno de nosotros debe decidir y hay al menos tres opciones posibles. Una es levantarse con indignación y acusarme de informar irresponsablemente. Otra es asentir en acuerdo general con lo que está escrito aquí, pero consolarse con el hecho de que hay excepciones y nosotros estamos entre ellas. La otra es descender con mansa humildad y confesar que hemos contristado al Espíritu y deshonrado a nuestro Señor al no darle el lugar que su Padre le ha dado como Cabeza y Señor de la Iglesia.

Tanto la primera como la segunda opción no harán más que confirmar el error. La tercera, si se lleva a cabo hasta el final, puede eliminar la maldición. La decisión es nuestra.